Q&A
実務家のための
フリーランス法の
ポイント と 実務対応

編 集

第二東京弁護士会
労働問題検討委員会

JN242133

新日本法規

発刊にあたって

　2024年11月１日から「特定受託事業者に係る取引の適正化等に関する法律」（以下「フリーランス法」といいます。）が施行されます。

　2020年５月の内閣官房「フリーランス実態調査結果」によれば、日本のフリーランス人口は462万人と試算され、フリーランスのうち取引先とのトラブルを経験したことがあるという人が、フリーランス全体の37.7％にも上ることが明らかとなりました。

　このような実態がある中で、厚生労働省において開催された「雇用類似の働き方に関する検討会」の報告書において、雇用関係によらない働き方については「契約、処遇改善等に関する相談する先がない」という声が多く挙がっていました。

　そこで、フリーランスとして働く方のための法律相談窓口を整備することとなり、第二東京弁護士会は、厚生労働省より委託を受け、厚生労働省のほか、内閣官房、公正取引委員会、中小企業庁と連携して、2020年11月に「フリーランス・トラブル110番」を立ち上げ、全国のフリーランスの皆様からのご相談や、紛争解決のための和解あっせん手続（裁判外紛争解決手続）に対応してまいりました。制度立ち上げから現在までの間のご相談件数は２万5,000件を超え、和解あっせん手続の申立件数は、600件を超えています。

　フリーランス法は、フリーランス・トラブル110番によせられた相談傾向も踏まえ制定されたものです。本書は、フリーランスと発注事業者との間の取引上のトラブルの実態をよく知るフリーランス・トラブル110番の相談員となっている弁護士が中心となって、フリーランス法の解説と、ケーススタディによる実務上のポイントについて実践的な解決方法を示しています。

このようにフリーランスと発注事業者とのトラブルの実態をよく知る弁護士により執筆された本書は、単なる法律の解説にとどまらず、紛争解決のための実践的な指針を示す点に大きな価値があります。ぜひ、本書を手に取っていただき、実務にご活用いただければ幸いです。

2024年10月

第二東京弁護士会
会長　日下部　真治

は　し　が　き

　いよいよ「フリーランス法」が施行されます。この法律は、フリーランスと発注事業者との間の取引適正化とフリーランスの就業環境の整備を目的として制定されました。

　取引適正化を図る部分は、下請法（下請代金支払遅延等防止法）を参考に作られていますが、下請法のように発注事業者の資本金要件がありません。そのため、例えばフリーランスとの契約条件を明示する義務を定めたフリーランス法３条は、フリーランスに発注する全ての事業者に適用があります。このように、フリーランスに業務を委託する取引の対象は極めて広く、フリーランス法の取引実務に与える影響は極めて大きいといえます。

　また、フリーランスの就業環境整備を図るためのハラスメント対策なども発注事業者の従業員と同様の措置を講じる体制をとることが発注事業者に求められており幅広く適用があります。このように、フリーランス法の内容について、法律実務家だけでなく、フリーランスとの取引に関わる方々は十分に理解しておく必要があるといえます。

　本書は、フリーランスと発注事業者との間の取引上のトラブルの実態をよく知るフリーランス・トラブル110番の相談員となっている弁護士が中心となって執筆したものです。その執筆者の中には、フリーランス法の政省令・ガイドライン等の制定のために開かれた公正取引委員会や厚生労働省の検討会のメンバーも含まれています。

　第１章は、フリーランス法を政令、規則、指針、ガイドラインなどを踏まえ解説したものです。公正取引委員会と厚生労働省からフリーランス法を解釈するガイドラインが示され、また、就業環境整備の部分については厚生労働省から指針が示されていますが、その内容は多

岐にわたっております。その内容を平板に読むだけでは、正確に理解することは困難です。そこで、第1章では、フリーランス・トラブル110番でこれまで2万5,000件を超える相談に対応してきた経験に基づき、実務で特に問題となりうるポイントを中心にQ＆Aの形でわかりやすく解説をしました。実務で問題となった点に関連するQだけを読んでも、フリーランス法の必要な知識が得られる内容になっています。

　第2章は、事例検討です。これは、フリーランス・トラブル110番にこれまで寄せられた相談傾向をもとに、フリーランス法が施行されてから問題となりうるケースに基づき、紛争解決の現場で、フリーランス法をどのように使っていくかを実践的に示した内容となっています。そのQの数は43問にも及び、この事例もこれまでの相談傾向を知るフリーランス・トラブル110番だからこそ作成できる臨場感あふれる内容となっています。

　フリーランス・トラブル110番は2020年11月の制度の立ち上げから現在まで、発注事業者とのトラブルに見舞われたフリーランスの皆様に、紛争解決のための具体的なアドバイスを送ることにこだわって運営してまいりました。単なる法律の伝授にとどまらず、トラブルに応じて、発注事業者との紛争解決にどのような対応をすべきか実践的なアドバイスを送り続けることを心がけてきました。

　本書は、これまでのフリーランス・トラブル110番での膨大な相談対応実績に基づき、フリーランスと発注事業者との間で生じやすい紛争解決の実務上のポイントを具体的に示したものです。全国の法律実務家の皆様はもちろん、フリーランスと取引をする発注事業者の担当者の皆様や、発注事業者に対応しなければならないフリーランスの皆様にも十分活用していただける内容になっているものと自負しております。

　最後に、本書が、政令、規則、ガイドライン等が示されてから法律

施行までのタイトなスケジュールの中で刊行までにたどりついたのは、フリーランス・トラブル110番の相談員の弁護士を中心とした執筆に携わった弁護士の尽力によるものだけでなく、新日本法規出版株式会社の内藤弘行氏の行き届いた配慮によるものです。この場を借りて御礼申し上げます。

　ぜひ多くの皆様に本書を手に取っていただき、実務にご活用いただければ幸いです。

　2024年10月

フリーランス・トラブル110番　事務責任者
第二東京弁護士会　弁護士　山田　康成

編集・執筆者一覧

編集　第二東京弁護士会　労働問題検討委員会

《編集代表》

山 田 康 成

《編集委員》（五十音順）

宇賀神　　崇	師子角 允彬
塚 本 健 夫	遠 山　　秀
中 田 諭 志	平 井 孝 典
平 岡 卓 朗	干 場 智 美
堀 田 陽 平	武 藤 敦 丈
森田 茉莉子	

《執 筆 者》（五十音順）

青 木 祐 也	新 井 優 樹
池 松　　慧	石 田 拡 時
伊 藤 翔 汰	位 田 陽 平
上 田 雅 大	宇賀神　　崇
遠 藤 宗 孝	岡 本 大 毅
加 地　　弘	加 藤 勇 人
金 澤 嘉 明	金 子 祥 子
北 折 俊 英	金　　侑里香

駒形　崇
師子角　允彬
城石　惣
杉浦　起大
鈴木　悠太
田中　宏明
塚本　健夫
戸舘　圭之
中本　賢
平井　孝典
古橋　翼
堀田　陽平
増村　圭一
松井　博昭
宮野　浩臣
村田　和希
森田　茉莉子
安本　侑生
山本　鋼一
横澤　英一

小出　雄輝
是枝　大夢
芝村　佳奈
白石　紘一
杉山　遼太
髙橋　宏文
田淵　博雅
遠山　秀
中田　諭志
野田　学
平岡　卓朗
干場　智美
前橋　呈至
松井　淳
水野　真理子
武藤　敦丈
森　崇久
安井　飛鳥
山田　康成
山本　竜一朗

略　語　表

＜法令等の表記＞

　根拠となる法令等の略記例及び略語は次のとおりです。〔　〕は本文中の略語を示します。

　　特定受託事業者に係る取引の適正化等に関する法律第2条第4項第3号＝法2④三

法〔フリーランス法〕	特定受託事業者に係る取引の適正化等に関する法律
令	特定受託事業者に係る取引の適正化等に関する法律施行令
規則（公取委関係）〔フリーランス規則（公取委関係）〕	公正取引委員会関係特定受託事業者に係る取引の適正化等に関する法律施行規則
規則（厚労省関係）〔フリーランス規則（厚労省関係）〕	厚生労働省関係特定受託事業者に係る取引の適正化等に関する法律施行規則
指針〔フリーランス指針〕	特定業務委託事業者が募集情報の的確な表示、育児介護等に対する配慮及び業務委託に関して行われる言動に起因する問題に関して講ずべき措置等に関して適切に対処するための指針
解釈ガイドライン	特定受託事業者に係る取引の適正化等に関する法律の考え方（令和6年5月31日公正取引委員会・厚生労働省）
ガイドライン〔フリーランスガイドライン〕	フリーランスとして安心して働ける環境を整備するためのガイドライン（令和3年3月26日内閣官房・公正取引委員会・中小企業庁・厚生労働省）
パブリックコメント	「特定受託事業者に係る取引の適正化等に関する法律施行令（案）」等に対する意見の概要及びそれに対する考え方（令和6年5月31日）
〔育児介護休業法〕	育児休業、介護休業等育児又は家族介護を行う労働者の福祉に関する法律
刑	刑法

憲	日本国憲法
〔個人情報保護法〕	個人情報の保護に関する法律
下請〔下請法〕	下請代金支払遅延等防止法
下請令	下請代金支払遅延等防止法施行令
商	商法
セクハラ指針	事業主が職場における性的な言動に起因する問題に関して雇用管理上講ずべき措置等についての指針
〔男女雇用機会均等法〕	雇用の分野における男女の均等な機会及び待遇の確保等に関する法律
著作	著作権法
特定商取引	特定商取引に関する法律
独禁〔独占禁止法〕	私的独占の禁止及び公正取引の確保に関する法律
パワハラ指針	事業主が職場における優越的な関係を背景とした言動に起因する問題に関して雇用管理上講ずべき措置等についての指針
マタハラ指針	事業主が職場における妊娠、出産等に関する言動に起因する問題に関して雇用管理上講ずべき措置についての指針
民	民法
民訴	民事訴訟法
民訴規	民事訴訟規則
民訴費	民事訴訟費用等に関する法律
民調	民事調停法
労基	労働基準法
労組	労働組合法
労契	労働契約法
労災	労働者災害補償保険法
労災則	労働者災害補償保険法施行規則
労働施策推進〔労働施策総合推進法〕	労働施策の総合的な推進並びに労働者の雇用の安定及び職業生活の充実等に関する法律
下請法運用基準	下請代金支払遅延等防止法に関する運用基準(平成15年公正取引委員会事務総長通達第18号)
下請法テキスト	下請取引適正化推進講習会テキスト(令和5年11月公正取引委員会・中小企業庁)

＜判例の表記＞

根拠となる判例の略記例及び出典の略称は次のとおりです。

最高裁判所令和2年2月28日判決、最高裁判所民事判例集74巻2号
106頁＝最判令2・2・28民集74・2・106

判時	判例時報
判タ	判例タイムズ
裁判集民	最高裁判所裁判集民事
民集	最高裁判所民事判例集
労経速	労働経済判例速報
労判	労働判例
刑録	大審院刑事判決録

目　　次

第1章　法律、政令、規則、ガイドライン等の解説

第1　フリーランス法とは　　　　　　　　　　　ページ
Q1　フリーランス法の概要と制定経緯……………………………3
Q2　フリーランス法と他の法制度の違い…………………………6
Q3　フリーランス法の全体像………………………………………9

第2　フリーランス法の適用範囲
Q4　「特定受託事業者」の定義……………………………………11
Q5　「労働者性」が認められる場合………………………………16
Q6　「業務委託事業者」及び「特定業務委託事業者」の定義と規制の相違……………………………………………………20

第3　フリーランスの募集時の対応
Q7　的確表示義務……………………………………………………23
Q8　募集内容と契約内容が異なる場合……………………………29

第4　契約締結時の対応
Q9　取引条件明示義務の内容………………………………………31
Q10　取引条件の明示の形式…………………………………………35

第5　報酬支払
Q11　報酬支払期日の規制……………………………………………39

Q12 再委託の場合の30日報酬支払期日の特例……………………44

第6 事業者の禁止行為

Q13 禁止行為の規制の適用対象………………………………50
Q14 受領拒否の禁止の意義……………………………………56
Q15 報酬減額の禁止の意義……………………………………59
Q16 返品の禁止の意義…………………………………………64
Q17 買いたたきの禁止の意義…………………………………68
Q18 物の購入・役務利用の強制の禁止の意義………………72
Q19 不当な経済上の利益の提供要請の禁止の意義…………76
Q20 不当な給付内容の変更・不当なやり直しの禁止の意義………80
Q21 支払遅延の取扱い…………………………………………84

第7 ハラスメント、出産・育児・介護

Q22 ハラスメント対策義務……………………………………88
Q23 妊娠・出産・育児・介護配慮義務………………………94
Q24 継続的業務委託の意義……………………………………99

第8 契約の解消

Q25 契約解消の事前予告義務…………………………………102
Q26 予告義務違反の解除の効力………………………………107
Q27 契約解消の理由開示義務…………………………………110
Q28 フリーランスの中途解約・不更新を制限する契約の
　　 効力…………………………………………………………113
Q29 フリーランスの中途解約・不更新に伴う違約金条項の
　　 効力…………………………………………………………116

目　次　　3

第9　違反行為の申告、制裁

Q30　違反行為の申告と不利益取扱いの禁止……………………119

Q31　行政当局の指導、勧告等及び刑事罰………………………121

第10　フリーランス・トラブルの解決手続

Q32　フリーランスのトラブル解決のフロー……………………125

Q33　労働基準監督署や総合労働相談コーナー等で相談でき
　　なかったフリーランスへの対応………………………………129

Q34　少額訴訟・督促手続…………………………………………131

Q35　フリーランス・トラブル110番の和解あっせん手続………135

第2章　事例検討

第1　運送、配送関係

Q36　労働者性が問題となった事例………………………………141

Q37　車両に係る費用を天引き又は請求された事例……………144

Q38　報酬を一方的に減額された事例……………………………148

Q39　配送の再委託の場合の報酬の支払遅延……………………151

Q40　病気欠勤を原因とする損害賠償請求………………………154

Q41　病気による契約解除を原因とする損害賠償………………157

Q42　誤配、遅配を原因とする損害賠償請求……………………160

Q43　契約解除後の報酬残額支払拒否……………………………164

Q44　自己都合による契約解除を原因とする損害賠償…………167

第2　建設、設備工事関係

Q45　労働者性が問題となった事例………………………………170

目次

Q46 求人募集においては二次請けである旨記載されていた
　　 ところ、実際には三次請けであった事例……………………172

Q47 工事の施工不良を指摘されたことが原因で報酬の支払
　　 遅延が発生し、減額を主張された事例………………………177

第3　システム開発、Web制作、デザイン、映像・番組制作、ライター

Q48 労働者性が問題となった事例…………………………………180

Q49 相手方から報酬金額は明示されていたが、金額を契約
　　 時に合意していなかった事例…………………………………183

Q50 デザイナー業務の再委託において、報酬の支払遅延が
　　 発生した事例……………………………………………………187

Q51 成果物を納品したにもかかわらず、報酬の支払を拒否
　　 された事例………………………………………………………189

Q52 完成前のWebサイトを無断で公開され、さらに報酬の
　　 減額提示を受けた事例…………………………………………191

Q53 契約上の業務以外の依頼を拒否したため、報酬全額の
　　 支払がなされなかった事例……………………………………195

Q54 Web制作に当たりコンサルティング料を請求された
　　 事例………………………………………………………………198

Q55 予定していた業務が増えても報酬が変わらず、逆に本
　　 来の業務以外の業務を要請された事例………………………201

Q56 成果物の納品後にやり直しを要請された事例………………204

Q57 相手方の事情により成果物の納期が遅延したにもかか
　　 わらず損害賠償を請求された事例……………………………207

Q58 契約期間の途中でラジオのパーソナリティの出演の降
　　 板を告げられた事例……………………………………………210

Q59 発注者のために受託の態勢を整えていたにもかかわら
　　 ず、一方的に解約された事例…………………………………213

目　　次　　　5

Q60　相手方に攻撃的な発言、指示をなされたため、体調不
　　　良となった事例……………………………………………217

Q61　他のフリーランスからパワハラを受けた事例……………223

Q62　取引条件が不明確であったため、著作権の所在が問題
　　　になった事例………………………………………………228

Q63　一度納品したWeb記事について返品を受け、契約期間
　　　満了前に中途解除をされた事例…………………………232

Q64　募集要項に記載された委託業務が実際には存在してい
　　　なかった事例………………………………………………236

　　第4　舞台、演劇関係

Q65　労働者性が問題となった事例……………………………240

Q66　劇団の内部でいじめ、嫌がらせが発生した事例…………244

　　第5　スポーツ指導、講師、調査員

Q67　インストラクターの労働者性……………………………248

Q68　一定期間無償での業務を求められた事例………………252

Q69　予備校の新規開校前に契約を解除されて、他の予備校
　　　との契約が事実上不可能となった事例…………………256

Q70　報酬金額について納得のいかない単価を押しつけられ
　　　た事例………………………………………………………260

　　第6　営　業

Q71　報酬全額について何度催促しても支払が実現しなかっ
　　　た事例………………………………………………………263

Q72　顧客からのクレームを理由に相手方から損害賠償を請
　　　求された事例………………………………………………265

Q73　言い掛かりに近い理由から契約を解除された事例………268

Q74 ハラスメントを受け、適応障害と診断されたため、慰
謝料の請求を希望する事例……………………………………271

第7 美容関係

Q75 報酬から手数料や材料費等が差し引かれた事例……………275

Q76 契約解除を原因として損害賠償を請求された事例…………279

Q77 相手方から競業避止義務の同意書にサインを強制され
て契約の解除を求めた事例……………………………………282

第8 その他

Q78 競業避止義務……………………………………………………286

索　引

○事項索引…………………………………………………………291

第 1 章

法律、政令、規則、
ガイドライン等の解説

2

第1章　法律等の解説　　3

第1　フリーランス法とは

〔Q1〕　フリーランス法の概要と制定経緯

Q フリーランス法とは何ですか。労働法や独占禁止法、下請法があるにもかかわらず、フリーランス法が新たに制定された経緯を教えてください。また、施行日、政令、省令（規則）、ガイドライン等についても教えてください。

A フリーランス法とは正式には「特定受託事業者に係る取引の適正化等に関する法律」という法律です。近年、フリーランスとしての働き方が普及する中で、フリーランスと取引先とのトラブルが急増している実態を受けてフリーランスを保護するべく取引適正化と就業環境の整備を目的として2023年4月に制定され、施行日は2024年11月1日です。

解　説

1　フリーランス法の制定経緯

　日本では、近年、働き方の多様化が進み、フリーランスとしての働き方が普及するようになった一方で、取引先との間で報酬の支払遅延や一方的な仕事内容の変更といったトラブルが急増するようになりました。

　こうした事態を受けて、経済産業省の「雇用によらない働き方研究会」（2017年3月）や厚生労働省の「雇用類似の働き方に関する検討会」（2018年3月）、「雇用類似の働き方に係る論点整理等に関する検討会」（2018年10月～）等において、フリーランスに関する実態調査や保護

が必要な対象、課題についての論点整理が進められました。

　2020年5月の内閣官房「フリーランス実態調査結果」によれば、日本のフリーランス人口は462万人と試算され、フリーランスのうち取引先とのトラブルを経験したことがあるという人が、フリーランス全体の37.7％にも上ることが明らかとなりました。また、具体的な取引トラブルの内容として、発注時点で業務内容等が明示されなかったというものや、報酬が期限までに払われなかったり減額されたりしたというものが多く、これらの取引トラブルを経験したフリーランスのうち約60％の人が、取引に当たり取引条件が十分に明確にされていない実態も明らかとなりました。2020年には「成長戦略実行計画」の閣議決定がなされ、フリーランスの保護ルールの整備が進められることとなり、これを受けて2021年3月にはフリーランスとの取引に対して独占禁止法、下請法、労働関係法令の適用があることを明確にするため、「フリーランスとして安心して働ける環境を整備するためのガイドライン」が策定されました。また、これに先立ち2020年11月には厚生労働省が中小企業庁、公正取引委員会、内閣官房と連携してフリーランス・トラブル110番を設置しました。もっとも、上記ガイドラインはあくまでも既存の法律の内容を超えるものではなかったことから、2021年6月には法制面の措置検討が閣議決定されました。そして、2022年9月には「フリーランスに係る取引適正化のための法制度の方向性」に関する意見募集を経て法案整備が進み、2023年4月には「特定受託事業者に係る取引の適正化等に関する法律」として可決され、同年5月に公布されました（令和5年法律第25号。2024年11月1日施行）。

2　フリーランス法の下位法令等

　フリーランス法に関係する主な下位法令や指針、通達としては以下

が挙げられます。

・「特定受託事業者に係る取引の適正化等に関する法律施行令」（令和6年政令第200号）

・「公正取引委員会関係特定受託事業者に係る取引の適正化等に関する法律施行規則」（令和6年公正取引委員会規則第3号）

・「厚生労働省関係特定受託事業者に係る取引の適正化等に関する法律施行規則」（令和6年厚生労働省令第94号）

・「特定業務委託事業者が募集情報の的確な表示、育児介護等に対する配慮及び業務委託に関して行われる言動に起因する問題に関して講ずべき措置等に関して適切に対処するための指針」（令和6年厚生労働省告示第212号）

・「特定受託事業者に係る取引の適正化等に関する法律の考え方」（令和6年5月31日公正取引委員会・厚生労働省）（「解釈ガイドライン」）

・「特定受託事業者に係る取引の適正化等に関する法律と独占禁止法及び下請法との適用関係等の考え方」（令和6年5月31日公正取引委員会）

　また、「「特定受託事業者に係る取引の適正化等に関する法律施行令（案）」等に対する意見の概要及びそれに対する考え方」（「パブリックコメント」）も、フリーランス法を理解する上で有用であり、本書の解説においても引用しています。

〔Q2〕 フリーランス法と他の法制度の違い

Q フリーランス法と、下請法や独占禁止法、労働関係法令との異同や、法律間の適用関係を教えてください。

A フリーランス法は、実質的にも労働者に該当せず労働関係法令の適用対象外となる事業者（フリーランス）の取引が適用対象となります。また、下請法とは異なり、適用に当たり資本金要件がないほか、同法の適用対象外であった取引類型も規制対象となり、フリーランスの保護がより図られています。さらに、フリーランス法には、労働関係法令と類似の規制もあります。

解説

1 フリーランス法の適用対象

フリーランス法は、フリーランスが安定的に業務に従事できる環境を整備するべく、フリーランスの取引の適正化と就業環境の整備を目的として、労働契約法や労働基準法等の労働関係法令とは異なる規制を設けた法律となります。労働関係法令は、労働基準法上の「労働者」に該当するような雇用関係を前提としており、個々の契約実態から見て実質的に雇用契約と判断されるような場合を除いて、フリーランス契約や業務委託契約は労働法制度の適用対象外とされていました。そこで、フリーランス法では、実質的に見ても雇用関係とはいえない契約関係にある取引について適用対象とし（法2③）、フリーランスの取引適正化と就業環境整備を図っています。フリーランス法の適用対象となるフリーランスについての詳細は、〔Q4〕を参照ください。

第1章　法律等の解説　　7

2　独占禁止法、下請法との適用関係

　独占禁止法は、「優越的地位の濫用」を禁止しており（独禁19・2⑨五）、発注者のフリーランスに対する行為も、優越的地位の濫用として規制の対象となる余地はあります。しかし、独占禁止法を所管する公正取引委員会が優越的地位の濫用につながるおそれがあるとして「注意」した件数は、近年は年50件程度であり、主に対象となっているのは企業間の取引であることも考慮すると、独占禁止法がフリーランスに対する実効的な救済手段として機能することは期待できません。

　下請法は、発注者（親事業者）が下請事業者に発注した商品やサービスに関して代金の支払遅延や代金の減額、返品等の下請事業者に不利益を与える行為を禁止する法律であり、独占禁止法上の優越的地位の濫用の規制を補うものです。同法は、取引の発注者である事業主の資本金が一定金額以上（下請事業者が個人である場合、資本金1,000万円超）になる場合に適用されますが、フリーランスの取引においては発注者となる事業者もまた資本金が一定金額以下であることが多いため、同法の適用場面は限定的になります。フリーランス法は資本金による制限がないため、発注者が中小企業である等、下請法の適用対象外であった取引も対象となります。

　また、下請法は、業務委託者が「業として」（下請2①～④）行う業務を委託する場合にのみ適用されるため、委託者が「業として」いない業務を受託するフリーランスは適用対象外となります。例えば、建設業者がフリーランスに自社のホームページ作成を委託する場合等がこれに該当します。フリーランス法には下請法のような制限がないため、上記のような業務委託に関しても適用対象となります。

　したがって、フリーランスは、独占禁止法又は下請法等が適用される場合がありますがフリーランス法の適用も受けることになります。その場合の適用関係については原則としてフリーランス法が優先して

8　　　　　　　　第1章　法律等の解説

適用されることになります（特定受託事業者に係る取引の適正化等に関する法律と独占禁止法及び下請法との適用関係等の考え方）。

3　労働関係法令との適用関係

　労働関係法令の適用対象は、「労働者」（労基9）であり（労働組合法の場合を除きます。）、フリーランス法上の「特定受託事業者」、いわゆる「事業者」（フリーランス）とは異なります。「労働者」と「事業者」の違いは、使用者（委託者）の指揮命令下に置かれているか否かの実態で判断され、形式的に「業務委託契約書」があるか否かによって決まるものではありません。

　これまで、労働者に該当しないフリーランスには労働関係法令上の保護はありませんでしたが、フリーランス法では、募集時に関する規制や妊娠・出産・育児・介護に対する配慮、ハラスメント規制、さらに解除の予告義務という労働法類似の規制の一部が設けられました。このように、フリーランスは、フリーランス法によって、労働者類似の保護も受けることになります。

〔Q3〕 フリーランス法の全体像

 フリーランス法の全体像及び所管する省庁を教えてください。

フリーランス法の内容は「取引適正化」のルールと「就業環境整備」のルールに大別され、前者については公正取引委員会や中小企業庁が、後者については厚生労働省が所管します。法令違反が認められた場合には各所管の省庁において必要な措置が取られます。

解　説

1　フリーランス法の全体像及び所管する省庁

フリーランス法上の規制を契約の流れに沿って並べると以下のようになります。

	項　目	法	参照Q	所管省庁
募集	募集情報の的確表示義務	12条	〔Q7〕・〔Q8〕	厚生労働省
契約締結	取引条件明示義務	3条	〔Q9〕・〔Q10〕	公正取引委員会・中小企業庁
報酬支払期日設定・支払	期日における報酬支払義務	4条	〔Q11〕・〔Q12〕	

契約の履行	禁止行為 ・受領拒否 ・報酬の減額 ・返品 ・買いたたき ・物の購入・役務の利用の強制 ・経済上の利益の提供要請 ・給付内容の変更、やり直し	5条	〔Q13〕～ 〔Q21〕	
その他の義務	妊娠・出産・育児・介護配慮義務	13条	〔Q23〕・ 〔Q24〕	厚生労働省
	ハラスメント対策義務	14条	〔Q22〕	
契約の終了	解除等の予告義務	16条	〔Q25〕～ 〔Q29〕	

　独占禁止法・下請法といった取引の公正に関する法律を所管する公正取引委員会及び中小企業庁がフリーランス法の取引適正化に関するルール（法3～11）を、労働関係法令を所管する厚生労働省がフリーランス法の就業環境整備に関するルール（法12～20）を、それぞれ所管する関係になっています。

2　違反事実がある場合の対応

　フリーランス法違反の事実がある場合、フリーランス（特定受託事業者）は所管省庁に申し出ることができ（法6①・17①）、所管省庁は必要な調査（報告徴収、立入検査）（法11・20）を行い、適当な措置をとることになります（法6②・17②）。所管省庁は、法令違反がある場合は、事業者に対して、指導・助言を行う（法22）ほか、必要な措置を勧告し、事業者が勧告に応じない場合は命令や公表等の措置をとることができるとされています（法8～10・18・19）。詳細は〔Q30〕、〔Q31〕で解説します。

第1章　法律等の解説　　11

第2　フリーランス法の適用範囲

〔Q4〕　「特定受託事業者」の定義

Q　フリーランス法の適用を受けるフリーランスは法律上「特定受託事業者」とされていますが、具体的にどのような者を意味するのでしょうか。定義を教えてください。

A　「特定受託事業者」（法2①）とは、「従業員を使用」しない個人又は役員が1名のみの法人の「事業者」であって、「業務委託」の相手方となる者をいいます。

解　説

1　「特定受託事業者」の概要

　フリーランス法は、業務委託の相手方が「特定受託事業者」（法2①）の場合にのみ適用されます。

　この「特定受託事業者」とは、具体的には、

①　「業務委託」の相手方である「事業者」である個人であって、「従業員を使用」しないもの（法2①一）

②　「業務委託」の相手方である「事業者」である法人であって、1名の代表者以外に他の役員がおらず、かつ、「従業員を使用」しないもの（法2①二）

と定義され、これらの者がフリーランス法の適用対象となります。

　①の個人であるフリーランスのみならず、②のとおり、法人であっても、代表者が1名のみで他に役員も従業員もいなければ、フリーランス法が適用されることとなります。

第1章　法律等の解説

なお、フリーランスガイドラインでは、「実店舗がなく、雇人もいない自営業主や一人社長であって、自身の経験や知識、スキルを活用して収入を得る者」を指して「フリーランス」としていますが（ガイドライン第2　1）、フリーランスガイドラインにおける「フリーランス」とフリーランス法における「特定受託事業者」は異なる概念であり、範囲も異なる部分がありますので、注意する必要があります。

2　「従業員を使用」要件について

「従業員を使用」している場合には、「特定受託事業者」には該当しないことになりますが、この「従業員」には短時間・短期間等の一時的に雇用される者（雇用保険の適用対象外の労働者）は含まれません。

つまり、「従業員を使用」とは、①1週間の所定労働時間が20時間以上であり、かつ、②継続して31日以上雇用されることが見込まれる労働者（労働基準法9条にいう労働者）を雇用することをいいます。ただし、労働者を直接雇用していない場合でも、派遣先として、上記①と同様の労働時間でかつ②と同様の期間以上雇用されることが見込まれる派遣労働者を受け入れる場合には、「従業員を使用」に該当します。また、事業に同居親族のみを使用している場合には、「従業員を使用」に該当しないものとされます（解釈ガイドライン第1部1（1））。

「従業員を使用」の要件は、組織としての実体があるか否かを判断する基準として位置付けられているため、取引単位ではなく特定受託事業者を単位として判断されます（衆議院内閣委員会議事録第10号（令和5年4月5日）政府参考人品川武）。そのため、フリーランスが異なる複数の事業を行っている場合、ある一つの事業で「従業員を使用」している者は他の事業についても「従業員を使用」していることとなり、「特定受託事業者」に該当しないこととなります。

第1章　法律等の解説　　13

3　「業務委託」要件について

　「業務委託」とは、事業者がその事業のために、①物品の製造（加工を含みます。）（法2③一）、②情報成果物の作成（法2③一）、又は③役務の提供（法2③二）のいずれかを委託する行為をいい、フリーランス法上規制対象となる業種の制限は特に定められていません。そのため、事実上あらゆる業種・業態の業務委託がフリーランス法の適用対象となり得ます。下請法と異なり、委託事業者が他者に提供する役務に限らず、委託事業者が自ら用いる役務（いわゆる自家利用役務）の提供委託も含みます。なお、下請法上は「修理委託」が定められていますが（下請2②）、フリーランス法上は、③役務の提供に含まれます。

　ただし、あくまで「業務委託」に限定されますので、既製品の売買や雇用（実態も雇用の場合）など「業務委託」以外の取引を行う場合には、フリーランス法は適用されないことになります。また、例えば、家事代行のような消費者から業務委託を受ける場合にも、フリーランス法は適用されません。

4　「事業者」要件について

　「事業者」とは、商業、工業、金融業その他の事業を行う者をいうとされ（解釈ガイドライン第1部1）、労働者として契約を締結する場合には、「事業者」には該当しないことになります。なお、形式が業務委託であっても、労働者性が認められる場合には「事業者」に該当しないことについて、〔Q5〕を参照してください。

　法人の役員については、法人と役員の関係が委任関係にあるとしても、法人の役員が組織として組み込まれており法人と独立した事業者とはいえないため、「特定受託事業者」には該当しないことになります（パブリックコメント1−2−29参照）。

5 「役員」の定義について

「役員」（法2①二）とは、「理事、取締役、執行役、業務を執行する社員、監事若しくは監査役又はこれらに準ずる者」と定義され、理事や取締役などの役員のみならず、「これらに準ずる者」も「役員」の定義に含まれることに注意する必要があります。つまり、ある会社に形式的には一人の代表者以外の役員が存在しないとしても、事実上の他の役員が存在する場合、「他の役員」がないとはいえず、「特定受託事業者」（法2①二）には該当しないことになります。

そして、この「これらに準ずる者」の判断としては、例えば独占禁止法2条3項の同様の規定においては、「相談役、顧問、参与等の名称で、事実上役員会に出席するなど会社の経営に実際に参画している者」が、「これらに準ずる者」に当たると解釈されており（公正取引委員会「企業結合審査に関する独占禁止法の運用指針」第1　2（1））、フリーランス法の解釈においても参考になるものと思われます。

以上を踏まえれば、法人が「特定受託事業者」に該当するのは、従業員がおらず、法律上の役員が一人の代表者以外に存在せず、かつ、他に事実上会社経営に参画する者もいない場合になります。

6 「特定受託事業者」該当性の基準時

取引の途中で従業員が離職する等して「特定受託事業者」該当性に変動がある場合について、フリーランス法には特段の記載はありませんが、政府見解では、発注時点で、受託事業者が「特定受託事業者」に該当しない場合、その業務の委託には、本法の規定は適用されません。発注の後に、受託事業者が「特定受託事業者」の要件を満たすようになった場合も同様にフリーランス法は適用されません（パブリックコメント1－2－10～1－2－14）。もっとも、業務の委託に係る契約が更新される場合（自動更新の場合を含みます。）、改めて業務委託があったものと考えるため、更新後の業務の委託が「業務委託」に該当し、かつ、受託事業者が「特定受託事業者」に該当するときは、当該更新

第1章　法律等の解説　　15

後の業務委託には本法が適用されます（パブリックコメント1－2－15）。

　発注事業者が、受託事業者から「役員」や「従業員」の有無について事実と異なる回答を得たため、当該発注事業者が本法に違反することとなってしまった場合であっても、当該発注事業者の行為については是正する必要があるため、指導・助言（行政指導）が行われることがあります。もっとも、勧告（行政指導）や命令（行政処分）が直ちに行われるものではありません（パブリックコメント1－2－19）。

7　実務上の対応

　特定業務委託事業者において、定期的に受注事業者が「特定受託事業者」に該当するかを確認する義務はありませんが、「従業員」の有無は形式的に判断されます。そのため、受注事業者の「従業員」の有無について、業務委託をする時点で確認するほか、給付の受領、報酬の支払、契約の更新等のタイミングなど、発注事業者に本法上の義務が課される時点でも適宜確認することが望まれます（パブリックコメント1－2－19）。

　取引の相手方の役員や従業員の有無を確認する方法としては、商業登記を確認する方法（法人の場合の役員の有無について）や、チェックリストを作成し相手方に回答させる方法や契約書内でその有無について明記させる方法（個人又は一人の代表者以外の役員が存在しない法人の場合）が考えられます。ただし、このように相手方に申告させる方法では、その申告の内容が真実であるかを外部から確認することは困難であり、相手方の申告が誤っていた場合、フリーランス法に違反してしまう可能性があります（〔Q31〕を参照）。

　このようなフリーランス法違反リスクを回避するためには、業務委託の相手が特定受託事業者ではないと断定できる場合以外は、保守的にフリーランス法を遵守した対応を行うことが有用であると考えられます。

〔Q5〕 「労働者性」が認められる場合

Q フリーランス法の適用を受ける「特定受託事業者」は「事業者」であることが要件とされますが、形式的には業務委託とされていても、実質的には「労働者性」が肯定される（労働者としての実態がある）場合、フリーランス法の適用を受けることはできるのでしょうか。

A フリーランスや業務委託とされていても、その実態が「労働者」である場合、つまり労働基準法上の労働者性が肯定される場合には、「特定受託事業者」には該当せず、労働関係法令が適用され、フリーランス法は適用されません。

解 説

1 労働基準法上の労働者性について

（1） 労働者性の判断基準

労働基準法上、「労働者」とは、「職業の種類を問わず、事業又は事業所に使用される者で、賃金を支払われる者」（労基9）と定義されています。

労働者性は、使用従属性の有無の問題であり、「使用される」といえるか（＝指揮監督下の労働の有無）の問題と、「賃金を支払」っているか（＝報酬の労務対償性の有無）の問題という二つの観点から判断されることとなります（昭和60年12月19日労働基準法研究会報告「労働基準法の『労働者』の判断基準について」）。

（2） 指揮監督下の労働の有無

指揮監督下の労働の有無は、①仕事の依頼、業務従事の指示等に対する諾否の自由の有無、②業務遂行上の指揮監督の有無（業務の内容

及び遂行方法について具体的な指示等がされているか）、③拘束性の有無（勤務場所や勤務時間が指定され、管理されているか）、④代替性の有無（本人に代わって他の者が労務を提供することが認められているか。ただし、一般に判断を補強する要素にとどまるとされる）といった要素を踏まえて判断します。

（3）　報酬の労務対償性

　報酬が時間給であるなど労働の結果による報酬の差が少ない場合や、欠勤分を控除したり、残業した場合に別の手当が支給されたりする場合には、報酬の性格が使用者の指揮監督の下に一定時間労務を提供していることに対する対価と判断され、労働者性（使用従属性）を補強することになります。

（4）　その他労働者性の補強要素

　上記の判断要素のほか、業務に用いる高額な機械や設備を本人自らが所有したり、正規従業員と比べて著しく高額な報酬を得たりしているなどの事業者性があるか、特定の企業等に対する専属性があるか、採用・委託等の選考過程における取扱いが正規従業員と異なるかどうか、給与所得として源泉徴収がされているか、労災保険や雇用保険、健康保険や厚生年金保険が適用されているか、服務規律が適用されているか、退職金制度や福利厚生が適用されているかなどの事情を考慮して、労働者性を判断することになります。なお、これらの事情はあくまで補強的な要素にとどまることに注意が必要です。

（5）　フリーランス法との関係

　上記の判断基準を踏まえて労働基準法上の「労働者」性が肯定される場合には、労働関係法令が適用されることとなり、フリーランス法上「事業者」に該当するとはいえない結果、「特定受託事業者」（法2①）にも該当せず、フリーランス法の適用を受けないことになります（参議院内閣委員会議事録第12号（令和5年4月27日）政府参考人宮本悦子）。

2 労働組合法上の労働者性について

1で述べた労働基準法上の労働者と異なり、労働組合法上の労働者とは単に「職業の種類を問わず、賃金、給料その他これに準ずる収入によって生活する者」（労組3）とされ、一般に労働基準法上の労働者性より緩やかに労働者性が肯定されることになります。

この労働組合法上の労働者性は、個別の交渉では交渉力に格差が生じ、契約自由の原則を貫徹しては不当な結果が生じるため、集団的な団体交渉による保護が図られるべきか否かという観点から判断されるものであり、使用従属性の有無を判断する労働基準法上の労働者性とは異なる概念です。そして、労働基準法上の労働者に該当する場合、すなわち使用従属性が肯定される場合には、他の企業等に使用従属している結果、独立した「事業者」であるとは判断されませんが、労働組合法上の労働者に該当する場合、すなわち団体交渉による保護が図られるべき場合であっても、フリーランス法の保護の対象となる独立した「事業者」に該当することは十分あり得ます。

したがって、労働組合法上の労働者に該当することは、フリーランス法上の「特定受託事業者」に該当することを否定する材料にはならず、労働組合法上の労働者であっても、「特定受託事業者」の定義に該当するのであればフリーランス法の保護を受けることになります。

3 まとめ

以上のとおり、形式的には業務委託契約を締結している場合でも、その働き方の実態が労働基準法上の労働者としての働き方をしている場合には、「事業者」ではないため、フリーランス法は適用されず、労働関係法令が適用されることとなります。

例えば、もともと雇用契約を締結していた者が、元の使用者との間で業務委託契約という名前の契約に切り替えた場合でも、契約条件や

第1章　法律等の解説　　19

業務態様、業務日時、場所、報酬等がほとんど変わっていないような場合、実態としては労働者でありなお労働者性が肯定される可能性が高いものと考えられます。そうすると、この者についてはフリーランス法ではなく、労働関係法令が適用されるものと考えるべきです。

　発注者の立場としては、実態が「労働者」であれば労働者として扱うべきであり、あえて業務委託として扱うことは許容されません。他方、実態として労働者ではないとしても、「特定受託事業者」に該当しフリーランス法が適用される場合には、フリーランス法を遵守する必要があります。

〔Q6〕 「業務委託事業者」及び「特定業務委託事業者」の定義と規制の相違

Q フリーランス法の適用対象となる「業務委託事業者」と「特定業務委託事業者」とはどのような事業者をいうのですか。また、両者の規制内容はどのように違うのですか。

A 「業務委託事業者」とは、従業員や役員の有無を問わず、特定受託事業者に業務委託する事業者をいい、個人事業主や一人会社である法人であっても業務委託事業者に該当し得ます。他方で、特定業務委託事業者とは、業務委託事業者のうち、従業員を使用する個人事業主、又は、二人以上の役員があり若しくは従業員を使用する法人をいいます。取引条件の明示義務（法3）は、「業務委託事業者」全般に適用されますが、その他の規制は「特定業務委託事業者」にのみ適用されます。

解　説

1　業務委託事業者の定義

業務委託事業者とは、特定受託事業者に業務委託する事業者をいい、従業員や役員の有無を問いません（法2⑤）。そのため、特定受託事業者に業務委託する事業者であれば、従業員を使用していない個人事業主や一人会社等の法人であっても業務委託事業者に該当します。

2　特定業務委託事業者の定義

特定業務委託事業者とは、特定受託事業者に業務委託する事業者のうち、従業員を使用する個人事業主、又は、二人以上の役員があり若

しくは従業員を使用する法人をいいます（法2⑥）。

　ここでいう「従業員を使用」の意味は、特定受託事業者（いわゆる
フリーランス）の定義における「従業員の使用」の意味と同一であり、
①1週間の所定労働時間が20時間以上であり、かつ、②継続して31日
以上雇用されることが見込まれる労働者（労働基準法上の労働者）を
雇用することを意味しますが、直接、そのような労働者を雇用する場
合だけでなく、派遣契約に基づき派遣先として上記①及び②の要件を
満たす派遣労働者を受け入れる場合も含むとされています（解釈ガイド
ライン第1部4・第1部1（1）参照）。なお、同居親族のみを使用して事業
を行う場合は、「従業員を使用」することには該当しません。

　これは、フリーランス法において「従業員を使用」しているといえ
るためには当該事業者が「組織」としての実態を有していることが必
要であり、組織としての実態があると認められるためには、ある程度
継続的な雇用関係が前提となるためです（渡辺正道ほか「特定受託事業者
に係る取引の適正化等に関する法律の概要」ジュリスト1589号47頁（2023年））。
なお、上記の判断は雇用保険の被保険者の基準と同一です。

3　業務委託事業者と特定業務委託事業者との規制の相違

　業務委託事業者が特定受託事業者に業務委託を発注する場合、発注
者の従業員や役員の有無を問わず、業務委託事業者は、書面又は電磁
的方法による取引条件の明示義務を負います（法3）。また、当然のこ
とながら、特定業務委託事業者は業務委託事業者にも該当しますので、
特定業務委託事業者も、書面又は電磁的方法による取引条件の明示義
務を負います。

　そして、特定業務委託事業者に該当する場合、特定業務委託事業者
は、上述した書面又は電磁的方法による取引条件の明示義務（法3）に
加え、報酬の支払期日、支払遅延の禁止（法4）、募集情報の的確表示

（法12)、ハラスメント対策に係る体制整備（法14）等に関する規制を受けます。

　さらに、特定業務委託事業者が継続的に同一の特定受託事業者に発注する場合、特定受託事業者の特定業務委託事業者に対する依存的な関係が生じやすく、また、取引継続への期待が生じること等から、特定業務委託事業者は、上記の規制に加えて、受領拒否・減額・返品・不当なやり直し等の禁止事項（法5）、妊娠・出産・育児・介護に対する配慮（法13)、契約の解除・不更新の予告（法16）に関する規制を受けます。継続的業務委託契約の考え方については、〔Q13〕、〔Q24〕をご参照ください。

4　業務委託事業者と特定業務委託事業者との間で規制に相違が生じる理由

　フリーランス法は、組織である事業者と個人である特定受託事業者との間に、交渉力や情報収集能力等に格差があり、個人である特定受託事業者が取引上弱い立場にあることを前提に、取引の適正化等を図る趣旨で規制を定めています。そのため、組織として事業を行う特定業務委託事業者は、上述した様々な規制を受けます。

　他方で、従業員も他の役員もいない一個人にすぎない業務委託事業者の場合は、組織対個人の関係になく、上記趣旨が妥当しないため、フリーランス法のほとんどの規制を受けませんが、取引当事者双方の認識の相違を減らして紛争を未然に防止し、取引の適正化等を図るといった観点から、個人にすぎない業務委託事業者であったとしても、書面又は電磁的方法による取引条件の明示義務については規制を受けます（法3）。

第3 フリーランスの募集時の対応

〔Q7〕 的確表示義務

 フリーランスを募集する特定業務委託事業者に課されている「的確表示義務」とは、どのような義務でしょうか。

　　的確表示義務とは、広告等によりフリーランスの募集に関する情報を提供するときは、虚偽の表示又は誤解を生じさせる表示をしてはならず、また、正確かつ最新の内容に保たなければならない、とする特定業務委託事業者の義務をいいます。

解　説

1　的確表示義務を負う募集情報の提供とは
　(1)　「的確表示義務」の概要
　フリーランス法12条は、特定業務委託事業者は、広告等により、業務委託に係る特定受託事業者の募集に関する情報（以下「募集情報」といいます。）を提供するときは、当該募集情報について虚偽の表示又は誤解を生じさせる表示をしてはならず（法12①）、また、正確かつ最新の内容に保たなければならない（法12②）と定めています。この特定業務委託事業者の義務を「的確表示義務」といいます。
　同条の趣旨は、広告等に掲載されたフリーランスの募集情報と実際の取引条件が異なることにより、①その募集情報を見て募集に応じたフリーランスと発注事業者との間で取引条件をめぐるトラブルが発生

したり、②フリーランスがより希望に沿った別の業務を受注する機会を失ってしまったりするのを防止することにあります。

（2）　「業務委託に係る特定受託事業者の募集」とは

「業務委託に係る特定受託事業者の募集」とは、特定受託事業者に業務委託をしようとする者が自ら又は他の事業者に委託して、特定受託事業者になろうとする者に対して広告等により広く勧誘することをいいます（指針第2　1（2））。つまり、募集の内容から、専ら、①労働者の募集や、②従業員を使用する事業者に業務委託することが想定される募集（つまり、特定受託事業者に業務委託することが想定されない募集）は対象外となります。

もっとも、募集情報の提供時点において特定受託事業者に業務委託することが想定される募集であればこれに該当し、結果として募集に応じて業務委託した相手方が特定受託事業者であったか否かに関わらず対象となることには注意が必要です。さらに、労働者の募集と業務委託契約による受注者の募集が混同されるように表示されている場合には、労働者の募集等に関する規律である職業安定法の指針違反となる可能性があります（パブリックコメント3－1－19）。

（3）　「広告等」とは

「広告等」とは、①新聞、雑誌その他の刊行物に掲載する広告、②文書の掲出又は頒布、③書面の交付、④ファクシミリ、⑤電子メール等、⑥著作権法2条1項8号に規定する放送、同項9号の2に規定する有線放送又は同項9号の5イに規定する自動公衆送信装置（いわゆるサーバ）その他電子計算機と電気通信回線を接続してする方法その他これらに類する方法とされています（指針第2　1（3））。このうち、⑤の「電子メール等」とは「電子メールその他のその受信する者を特定して情報を伝達するために用いられる電気通信」をいい、SNS等のメッセージ機能等を利用した電気通信も含まれることになります。こ

第1章　法律等の解説　　25

の点、特定の一人の事業者を相手に業務委託を打診する場合について
は、通常、既に契約交渉段階にあることが想定され、契約交渉の中で
取引条件の確認や変更が可能であることから、的確表示義務の対象外
とされますが、一つの業務委託に関して、二人以上の複数人を相手に
打診する場合については、的確表示義務の対象に含まれるとされます
（パブリックコメント3−1−1・3−1−2）。また、⑥の具体例としては、
テレビ、ラジオ、インターネット上のオンデマンド放送や自社ホーム
ページ、クラウドソーシングサービス等が提供されるデジタルプラッ
トフォーム等が該当します。

（4）　的確表示義務の対象となる募集情報

　的確表示義務の対象となる募集情報（令2）については、フリーラン
ス指針第2　1（4）でそれぞれ下記の事項及び具体例が列挙されていま
す。もっとも、これらはあくまで例示であり、基本的にフリーラン
スを募集する際の募集条件については広く対象になると考えるべきで
しょう。

①　「業務の内容」に関する事項

　　業務委託において求められる成果物の内容又は役務提供の内容、
　業務に必要な能力又は資格、検収基準、不良品の取扱いに関する定
　め、成果物の知的財産権の許諾・譲渡の範囲、違約金に関する定め
　（中途解除の場合を除きます。）等をいいます。

②　業務に従事する場所、期間及び時間に関する事項

　　業務を遂行する際に想定される場所、納期、期間、時間等をいい
　ます。

③　報酬に関する事項

　　報酬の額（算定方法を含みます。）、支払期日、支払方法、交通費
　や材料費等の諸経費（報酬から控除されるものも含みます。）、成果
　物の知的財産権の譲渡・許諾の対価等をいいます。

26 第1章 法律等の解説

④ 契約の解除（契約期間の満了後に更新しない場合を含みます。）に
関する事項
契約の解除事由、中途解除の際の費用・違約金に関する定め等を
いいます。
⑤ 特定受託事業者の募集を行う者に関する事項
特定業務委託事業者となる者の名称や業績等をいいます。
（5） 望ましい措置
特定業務委託事業者が広告等により募集情報を提供するときには、
上記の各事項を可能な限り含めて提供するとともに、募集に応じた者
に対してもこれらの事項を明示し、当該事項を変更する場合には変更
内容を明示することが「望ましい」措置とされています（指針第2　5）。

2　的確表示義務に関する特定業務委託事業者の義務

（1） 募集情報に係る虚偽の表示の禁止

虚偽の表示として、下記の具体例が列挙されています（指針第2　2
（1））。

① 実際に業務委託を行う事業者とは別の事業者の名称で業務委託に
係る募集を行う場合
② 契約期間を記載しながら実際にはその期間とは大幅に異なる期間
の契約期間を予定している場合
③ 報酬額を表示しながら実際にはその金額よりも低額の報酬を予定
している場合
④ 実際には業務委託をする予定のない特定受託事業者の募集を出す
場合

ただし、当事者間の合意に基づき、募集情報から実際の契約条件を
変更することとなった場合、虚偽の表示には該当しません（〔Ｑ8〕参
照）。

第1章　法律等の解説　　27

（2）　募集情報に係る誤解を生じさせる表示の禁止

フリーランス指針第2　3によれば、誤解を生じさせる表示の禁止に当たっては、下記の事項に留意する必要があるとされています（指針第2　3（2））。

① 　関係会社を有する者が特定受託事業者の募集を行う場合、業務委託を行う予定の者を明確にし、当該関係会社と混同されることのないよう表示しなければならないこと。

② 　特定受託事業者の募集と、労働者の募集が混同されることのないよう表示しなければならないこと。

③ 　報酬額等について、実際の報酬額等よりも高額であるかのように表示してはならないこと。

④ 　職種又は業種について、実際の業務の内容と著しく乖離する名称を用いてはならないこと。

（3）　募集情報に係る正確かつ最新の表示義務

特定業務委託事業者は、特定受託事業者の募集に関する情報を正確かつ最新の内容に保たなければならないとされています（法12②）。

フリーランス指針第2　4によれば、具体的には下記の措置を講ずる等して適切に対応しなければならないとされています。

① 　特定受託事業者の募集を終了した場合又は募集の内容を変更した場合には、当該募集に関する情報の提供を速やかに終了し、又は当該募集に関する情報を速やかに変更すること。

② 　広告等により募集することや募集情報の提供を他の事業者に委託した場合には、当該事業者に対して当該情報の提供を終了するよう依頼し、又は当該情報の内容を変更するよう依頼するとともに、他の事業者が当該情報の提供を終了し、又は当該情報の内容を変更したかどうか確認を行わなければならない。なお、情報の変更等を繰り返し依頼したにもかかわらず他の事業者が変更等をしなかった場

合、特定業務委託事業者はフリーランス法12条違反となるものではない。

③　特定受託事業者の募集に関する情報を提供するに当たっては、当該情報の時点を明らかにすること。

（4）　委託先事業者に対する情報訂正の依頼と確認

特定業務委託事業者が、広告等による募集や募集情報の提供を他の事業者に委託している場合で、当該委託先事業者が虚偽の表示や誤解を生じさせる表示をしていることを認識した場合、当該事業者に対し、情報の訂正を依頼するとともに、情報の訂正が行われたかどうか確認しなければなりません。

もっとも、情報の訂正を繰り返し依頼したにもかかわらず委託先事業者が訂正しなかった場合には、特定業務委託事業者はフリーランス法12条違反にはならないとされています（指針第2　2（3）・第2　3（3））。

第1章　法律等の解説　　　　　　29

〔Q8〕　募集内容と契約内容が異なる場合

　募集時に表示していた内容とは異なる契約条件で契約した場合、このことだけで的確表示義務違反となりますか。

A　結果として、実際に契約された条件が募集時に表示していた内容と異なることになったとしても、それが発注者と特定受託事業者との間の合意に基づくものであれば、募集時の表示は的確表示義務違反とはなりません。

解　説

1　虚偽の表示について

　発注者は、広告等により特定受託事業者の募集に関する情報を提供するに当たっては、当該情報について虚偽の表示又は誤解を生じさせる表示をしてはなりません（法12①）。

　特定受託事業者の募集情報を提供するときに意図して募集情報と実際の就業に関する条件を異ならせた場合や、実際には存在しない業務に係る募集情報を提供した場合等には、虚偽の表示に該当します（指針第2　2(1)）（〔Q7〕参照）。

2　募集内容と契約内容が異なるものとなった場合について

　それでは、実際に契約された条件が、募集時に表示していた内容と異なるものであった場合、元々募集時に表示していた内容が虚偽の表示であったとして、的確表示義務違反になるのでしょうか。

　この点については、「当事者間の合意に基づき、募集情報から実際の

契約条件を変更することとなった場合は虚偽の表示には該当しない。」とされています（指針第2 2(2)）。したがって、結果として、実際に契約された条件が募集時に表示していた内容と異なることになったとしても、それが発注者と特定受託事業者との間の合意に基づくものであれば、募集情報と契約内容が相違することそれ自体については的確表示義務違反の問題は生じません。

ただし、前提として、前述のとおり、特定受託事業者の募集情報を提供するときに意図して募集情報と実際の就業に関する条件を異ならせた場合には、虚偽の表示に該当するとされています。したがって、発注者が、募集に応じて連絡してきたフリーランスを説得して、募集情報とは異なる契約内容で合意させたとしても、当初からそうすることを意図していたような場合（当初から募集情報記載の条件で契約するつもりがなかったような場合）には、やはり虚偽の表示をしていたものとして的確表示義務違反となる可能性があります。ここでいう「当事者間の合意に基づ」くとは、両当事者が通常の契約交渉過程を経て、実際の契約条件を変更する場合を指す趣旨であるとされており（パブリックコメント3－1－18）、交渉力の格差を前提に、フリーランスに募集情報とは異なる契約内容に合意するよう、事実上強制させたような場合は、的確表示義務違反となると考えられます。

また、同一の特定業務委託事業者が、複数の特定受託事業者との間で、募集情報とは異なる内容で合意して契約を締結するケースが多く見られるような場合には、「特定業務委託事業者において募集情報から実際の契約条件を変更することが常態化して」おり、募集情報が的確に表示されていない可能性が高いと考えられます（パブリックコメント3－1－18）。

第1章　法律等の解説　　31

第4　契約締結時の対応

〔Q9〕　取引条件明示義務の内容

Q 特定受託事業者に業務を委託した際に、どのような内容を取引条件として明示すべきでしょうか。

A 特定受託事業者に業務を委託した場合は、直ちに、給付の内容、報酬の額及び支払期日等を特定受託事業者に明示する必要があります。ただし、明示事項のうち、その内容が定められないことについて正当な理由があるものについては、当該事項が定められた後直ちに、明示すれば足ります。

解　説

1　フリーランス法3条1項本文

　フリーランス法3条1項本文は、「業務委託事業者は、特定受託事業者に対し業務委託をした場合は、直ちに、公正取引委員会規則で定めるところにより、特定受託事業者の給付の内容、報酬の額、支払期日その他の事項を…特定受託事業者に対し明示しなければならない。」としています。これを取引条件明示義務といいます。この義務が課される対象は業務委託事業者であり、「特定」業務委託事業者に限定されませんので、従業員を使用しない事業者も対象になり、フリーランスからフリーランスへの業務委託にも適用があります。

　（1）　「業務委託をした場合は、直ちに」とは

　「業務委託をした場合」とは、業務委託事業者と特定受託事業者との間で、業務委託をすることについて合意した場合をいいます。そし

て、「直ちに」とは、すぐにという意味で、一切の遅れを許さないということをいいます（解釈ガイドライン第2部第1　1（2））。

　よって、委託した業務の実際の開始時ではなく、業務委託をすることについて合意した段階ですぐに、2に述べる例外を除いては明示すべき取引条件について特定受託事業者と合意し、これらを明示する必要があります。

（2）　明示すべき事項

　明示すべき事項は、下記のとおりです（規則（公取委関係）1①一～七）。

①　業務委託事業者及び特定受託事業者の商号、氏名若しくは名称又は事業者別に付された番号、記号その他の符号であって業務委託事業者及び特定受託事業者を識別できるもの

②　業務委託をした日

③　特定受託事業者の給付又は提供される役務の内容

④　特定受託事業者の給付を受領し、又は役務の提供を受ける期日等

⑤　特定受託事業者の給付を受領し、又は役務の提供を受ける場所

⑥　特定受託事業者の給付の内容について検査をする場合は、その検査を完了する期日

⑦　報酬の額及び支払期日（具体的な金額の明示をすることが困難なやむを得ない事情がある場合には、算定方法。また、消費税・地方消費税の額や内税外税の別も明示することが望ましい。）

　また、手形等の現金以外の方法（資金移動業者の電子マネーによる支払も含みます。）で報酬を支払う場合には、支払方法ごとに明示すべき事項が定められています（規則（公取委関係）1①八～十一）。

（3）　共通事項がある場合の明示

　一定期間にわたって同種の業務委託を複数行う場合において、個々の業務委託ごとに同様の内容を取り決める手間を省く観点から、あらかじめ個々の業務委託に一定期間共通して適用される事項（以下「共通

第1章　法律等の解説　　33

事項」といいます。）を取り決める場合には、共通事項を業務委託の都
度明示することは不要です。ただし、この場合、3条通知には、あら
かじめ明示した共通事項との関連性を記載しなければなりません（解
釈ガイドライン第2部第1　1（3）コ）。また、共通事項の明示に当たって
は、当該共通事項が有効である期間も併せて明示する必要があります。

　なお、業務委託事業者においては、年に1回、明示済みの共通事項
の内容について、自ら確認し、又は社内の購買・外注担当者に周知徹
底を図ることが望ましいとされています（解釈ガイドライン第2部第1
1（3）コ）。

2　フリーランス法3条1項本文ただし書

　フリーランス法3条1項本文ただし書は、「ただし、これらの事項の
うちその内容が定められないことにつき正当な理由があるものについ
ては、その明示を要しないものとし、この場合には、業務委託事業者
は、当該事項の内容が定められた後直ちに、当該事項を…特定受託事
業者に対し明示しなければならない。」と定めています。

（1）　「未定事項」とは

　「未定事項」とは、明示事項のうち内容が定められないことにつき
正当な理由があるものをいい、「正当な理由がある」とは、業務委託の
性質上、業務委託をした時点では当該事項の内容について決定するこ
とができないと客観的に認められる理由がある場合をいいます（解釈
ガイドライン第2部第1　1（3）ケ（ア））。

　また、業務委託事業者は、業務委託をした時点で、明示事項の内容
について決定できるにもかかわらず、これを決定せず、これらの事項
の内容を通知により明示しないことは認められないとされています
（解釈ガイドライン第2部第1　1（3）ケ（ア））。そのため、業務委託事業
者は、明示事項とされている事項のうち、「正当な理由」が認められな

いもの以外については、業務委託をする時点までに、特定受託事業者と合意をしておかなければなりません。

（2）　未定事項がある場合の対応

業務委託事業者は、3条通知により明示する時点で未定事項がある場合には、未定事項の内容が定められない理由及び未定事項の内容を定めることとなる予定期日を当初の明示として明示しなければなりません（解釈ガイドライン第2部第1　1（3）ケ（イ））。

また、業務委託事業者は、当該未定事項について、特定受託事業者と十分な協議をした上で、速やかに定めなくてはならず、定めた後は、直ちに、当該未定事項を特定受託事業者に明示する補充の明示を行わなければなりません。そして、これらの当初の明示と補充の明示については、相互の関連性が明らかになるようにする必要があります（解釈ガイドライン第2部第1　1（3）ケ（イ））。

3　再委託を行う場合に例外的な報酬支払期日を定める際に明示することが必要な事項

特定業務委託事業者が特定受託事業者に対し、フリーランス法4条3項に定める再委託を行う場合、特定受託事業者への報酬の支払期日を、特定受託事業者の給付を受領した日から起算して60日を超え、かつ元委託者から元委託業務の対価の支払を受ける日から起算して30日以内の期間に定めようとするときには、特定受託事業者に対し、①再委託である旨、②元委託者の商号、氏名若しくは名称又は事業者別に付された番号、記号その他の符号であって元委託者を識別できるもの、③元委託業務の対価の支払期日を明示する必要があります（法4③、規則（公取委関係）1②・6、解釈ガイドライン第2部第1　1（4））。

第1章　法律等の解説　　35

〔Q10〕　取引条件の明示の形式

　取引条件の明示は、契約書である必要がありますか。電子媒体によることは可能でしょうか。

　　取引条件の明示は、書面又は電磁的方法によることが可能です。必ずしも契約書の形式である必要はありません。また、下請法とは異なり、電磁的方法による場合に特定受託事業者側の同意は必要ありません。

解　説

1　フリーランス法3条

　フリーランス法3条1項は、「業務委託事業者は」、取引条件について、「書面又は電磁的方法」「により特定受託事業者に対し明示しなければならない」と定めており、業務委託事業者は、取引条件の明示方法を選択することができることとされています。ただし、業務委託事業者が電磁的方法によって明示した場合でも、特定受託事業者から書面の交付を求められた場合には、原則として、書面を交付する必要があります（法3②本文、解釈ガイドライン第2部第1　1(6)）。

（1）　書面による明示

　所定の取引条件を記載した書面を交付することによって明示を行うことが考えられます。ここでいう書面とは、必ずしも契約書の形式による必要はありません。また、受信と同時に書面により出力されるファクシミリへ送信する方法は、「書面の交付」に当たります（法3①、解釈ガイドライン第2部第1　1(5)ア）。

（2）　電磁的方法による明示

　電磁的方法は、電子メールその他のその受信をする者を特定して情報を伝達するために用いられる電気通信により送信する方法（規則（公取委関係）2①一）、電磁的記録媒体をもって調製するファイルに所定事項を記録したものを交付する方法（規則（公取委関係）2①二）とされています。

　　　ア　電子メール等により送信する方法（規則（公取委関係）2①一）

　電子メールの他、ショートメッセージサービスやソーシャルネットワークサービスのメッセージ機能等のうち、送信者が受信者を特定して送信することができるものをいいます。

　具体的には以下のような方法が該当すると考えられます（解釈ガイドライン第2部第1　1（5）イ（ア））が、これらのみには限られません。

①　明示事項を記載したファイルを添付して電子メールを送信する方法

②　ソーシャルネットワーキングサービスにおいて、当該特定受託事業者のみが閲覧できるメッセージ機能を用いて明示事項を記載したメッセージを送信する方法

③　業務委託事業者が明示事項の一部を掲載しているウェブページをあらかじめインターネット上に設けている場合に、業務委託事業者が他の明示事項とともに、当該ウェブページのURLを記載して電子メールにより送信する方法

④　業務委託事業者が明示事項を記載した書面等を、電磁的記録をファイルに記録する機能を有する特定受託事業者のファクシミリへ送信する方法

　業務委託事業者側の注意点として、明示事項を一括で確認することができるようにする等、特定受託事業者が明示事項を分かりやすく認識できる方法によることが望ましいとされています。また、特定受託事業者においても、業務委託事業者側から明示された内容が必ずしも

第1章　法律等の解説　　37

特定受託事業者の電子計算機等に記録・保存されるものではないことから、トラブル防止のため、明示された内容を自ら記録・保存することが望ましいとされています（解釈ガイドライン第2部第1　1（5）イ（ア））。

　　イ　フリーランス規則（公取委関係）2条1項2号による方法
　例えば、業務委託事業者が明示事項を記載した電子ファイルのデータを保存したUSBメモリやCD－R等を特定受託事業者に交付することが該当します（解釈ガイドライン第2部第1　1（5）イ（ア））。

（3）　書面の交付を求められた場合
　特定受託事業者は、電磁的方法により明示事項を明示された場合であっても、当該事項を記載した書面の交付請求ができ、その場合、業務委託事業者は、遅滞なく、書面を交付しなければなりません（法3②、規則（公取委関係）5②）。ただし、特定受託事業者の保護に支障を生ずることがない場合、すなわち、特定受託事業者からの電磁的方法による提供の求めに応じて明示をした場合、定型約款を内容とする契約がインターネットのみを利用する方法により締結され、かつ、当該定型約款がインターネットを利用して閲覧可能な状態に置かれている場合、既に書面を交付している場合は、書面交付請求に応じる必要はありません（規則（公取委関係）5②一～三）。

（4）　トラブル回避の留意点
　フリーランス・トラブル110番の現場においては、契約内容が不明確であることに起因するトラブルに関する相談も寄せられています。そのため、特定受託事業者の立場からは、業務委託事業者から明示された事項を記載した書面や電磁的記録を確実に保存・記録しておくことが必要でしょう。

　また、業務委託事業者の立場からも、電磁的方法による明示を行う場合には、明示内容が後日消失しないよう、明示した内容を保存・記録しておくことが必要となります。

2 下請法との異同

（1） 共通点

下請法においても、「書面」（下請3①）のほか、書面に代えて、「電子情報処理組織を使用する方法その他の情報通信の技術を利用する方法であって公正取引委員会規則で定めるもの」（下請3②）によっても、所定事項を明示することが可能であり、この点はフリーランス法と同様です。

（2） 異なる点

フリーランス法においては、電磁的方法による明示の場合であっても、特定受託事業者の承諾は必要ありません（解釈ガイドライン第2部第1 1（5）イ）。

しかし、下請法においては、「あらかじめ」「下請事業者に対し」「電磁的方法」「の種類及び内容を示し」て「承諾を得なければならない」（下請令2①）とされ、電磁的方法により明示するためには下請事業者の事前承諾が必要とされています。さらに、下請事業者の承諾を得るに当たっては、親事業者は、電磁的記録の提供に係る費用負担の内容、電磁的記録の提供を受けない旨の申出を行うことができることも併せて提示する必要があり（公正取引委員会「下請取引における電磁的記録の提供に関する留意事項」（令和5年12月25日）参照）、これらの点はフリーランス法とは異なっています。

第5　報酬支払

〔Q11〕　報酬支払期日の規制

　フリーランスに対する報酬支払期日に関する規制について教えてください。下請法上の規制と同様でしょうか。

　特定業務委託事業者は、原則として、給付の内容に関する検査の有無を問わず、給付を受領した日から起算して60日以内（給付受領日を算入します。）のできる限り短い期間内で、報酬の支払期日を定めなければなりません。フリーランス法では、特定受託事業者に帰責事由がある場合や再委託の場合の例外がある、遅延利息の定めはない等、下請法と異なる点もあります。

　解　説

1　報酬の支払期日の設定義務

　フリーランス法4条1項は、特定受託事業者に対する業務委託の場合の報酬の支払期日は、給付の内容について検査をするかどうかを問わず、特定業務委託事業者が特定受託事業者の給付を受領した日から起算して60日以内（給付を受領した日を算入します。）のできる限り短い期間内において定めなければならない（いわゆる60日ルール）としています。

　また、報酬の支払期日が定められなかったときは給付を受領した日が、給付を受領した日から起算して60日を超えて支払期日が定められ

40　　　　第1章　法律等の解説

たときは給付を受領した日から起算して60日を経過した日の前日（例
えば給付受領日が3月1日であれば、4月29日）が、それぞれ報酬の
支払期日とみなされます（法4②）。

　以上の定めは、下請法2条の2と同様であり、フリーランスの約3
割が報酬の支払遅延のトラブルを経験している実態（内閣官房日本経済
再生総合事務局「フリーランス実態調査結果」2020年5月）を踏まえ、発注者
が恣意的に支払を保留し続けることを防止する趣旨です。

2　「給付を受領した日」の意味

① 　物品の製造を委託した場合における「給付を受領した日」

　　フリーランスの給付の目的物たる物品の内容について検査するか
を問わず、特定業務委託事業者が特定受託事業者の給付の目的物た
る物品を受け取り、自己の占有下に置いた日をいいます（解釈ガイド
ライン第2部第2　1（1）ア）。したがって、特定業務委託事業者との
間で検収完了により引渡完了とする等の合意をしても、受領後は検
収未了を理由に支払期日の先延ばしはできません（渡辺正道ほか「特
定受託事業者に係る取引の適正化等に関する法律の概要」ジュリスト1589号48
頁（2023年））。

② 　情報成果物の作成を委託した場合における「給付を受領した日」

　　USBメモリやCD－R等、情報成果物を記録した電磁的記録媒体が
ある場合には、当該電磁的記録媒体を受け取り、自己の占有下に置
いた日、電磁的記録媒体を用いないときは、例えば、電気通信回線
を通じて特定業務委託事業者の用いる電子計算機内に情報成果物が
記録された日をいいます。情報成果物の作成委託に限っては、外形
的には全く内容が分からず、特定業務委託事業者が、作成の過程で、
特定受託事業者の作成内容の確認や今後の作業指示等のために情報
成果物を一時的に特定業務委託事業者の支配下に置く場合があり、

第1章　法律等の解説　　41

その時点では当該情報成果物が給付としての水準に達し得るか明らかでない場合に、あらかじめ特定業務委託事業者と特定受託事業者間で、特定業務委託事業者が自己の支配下に置いた情報成果物が一定の水準を満たしていることを確認した時点で給付を受領したこととする旨合意している場合には、当該情報成果物を自己の支配下に置いた日を支払期日の起算日とはしない扱いが認められています。ただし、3条通知に明記された納期に当該情報成果物が特定業務委託事業者の支配下にあれば、内容の確認の終了を問わず、当該納期に受領したものとされます（解釈ガイドライン第2部第2　1（1）イ）。

③　役務の提供を委託する場合における「給付を受領した日」
　　役務提供には原則として受領という概念はありませんので、特定業務委託事業者が特定受託事業者から個々の役務の提供を受けた日をいいます。なお、役務提供に日数を要する場合、一連の役務提供が終了した日が役務の提供を受けた日となります（解釈ガイドライン第2部第2　1（1）ウ）。

3　月単位の締切制度

ところで、下請法においては、下請事業者の給付の受領後60日以内に報酬を支払わなければならないところ（下請2の2）、継続的な取引や個々の役務が連続して提供される役務提供委託において、毎月の特定日に下請代金を支払うこととする月単位の締切制度・支払期日を採用している場合（例えば、「毎月末日納品締切、翌月末日支払」という締切制度や、役務提供における「毎月15日締切、翌々月15日支払」といった締切制度の場合）について、月によっては31日の月もあるため、当該締切制度によれば、月の初日に受領した給付に対する支払が、受領から61日目又は62日目の支払となったり、直近の締切日直後に行われた役務提供に対する支払が3か月近く後になる場合があります。し

かし、下請法においては、前者については「60日の期間内」が「2か月の期間内」であっても問題ないとの運用をしており、後者については「月単位で設定された締切対象期間の末日に当該役務が提供されたもの」として取り扱うとして運用しています（下請法運用基準第4　2、下請法テキスト44頁）。

　この点、フリーランス法下では、個々の役務が連続して提供される役務の提供委託において、①報酬の支払は、特定受託事業者と協議の上、月単位で設定される締切対象期間の末日までに提供した役務に対して行われることがあらかじめ合意され、その旨が3条通知に明記されていること、②3条通知に、当該期間の報酬の額又は報酬の具体的な金額を定めることとなる算定方式（役務の種類・量当たりの単価があらかじめ定められている場合に限られます。）が明確に記載されていること、③特定受託事業者が連続して提供する役務が同種のものであること、の三つの要件を全て満たす場合には、月単位で設定された締切対象期間の末日に当該役務が提供されたものとして取り扱い、当該日から起算して60日（2か月）以内に報酬を支払うことが認められています（解釈ガイドライン第2部第2　1（1）ウ参照）。

　また、フリーランス法の運用に当たっては、「60日の期間内」や再委託の場合の「30日の期間内」については、下請法と同様、月によっては31日の月があることを考慮し、給付を受領した日から「2か月以内」「1か月以内」として運用し、本法上問題としない旨が行政の見解とされています（パブリックコメント2－2－14・2－2－15）。

4　特定受託事業者の「責めに帰すべき事由」

　フリーランス法4条5項ただし書では、特定受託事業者の「責めに帰すべき事由」により報酬を支払うことができなかったときは、当該事由が消滅した日から起算して60日以内に報酬を支払わなければなら

第1章　法律等の解説　　43

ないと規定されており、下請法においては帰責事由を問わず支払遅延が成立するとされていることとは異なる定めになっています。しかし、フリーランス法における「責めに帰すべき事由」については、本法制定の趣旨からすれば、ある程度厳格に解釈するべきであるとの指摘もあり（滝澤紗矢子「フリーランス法の意義と特徴—独禁法・下請法に通ずる観点から」ジュリスト1589号56頁（2023年））、実際にも、特定受託事業者の帰責事由は、特定受託事業者において誤った報酬振込先の口座番号を伝えていた等の事由に限定され非常に狭く解されることが示されています（解釈ガイドライン第2部第2　1（3）ア）。

　なお、下請法では支払期日に遅延した場合には年14.6％の遅延利息を支払わなければなりません（下請4の2、下請代金支払遅延等防止法第4条の2の規定による遅延利息の率を定める規則）が、フリーランス法ではこのような遅延利息の特別な定めはないため、特約がない限りは民法上の遅延利息が適用されることとなります。

〔Q12〕 再委託の場合の30日報酬支払期日の特例

Q フリーランスに対する報酬支払期日に関する規制について、再委託の場合の30日以内の支払期日の内容を教えてください。

A 特定業務委託事業者は、給付を受領した日から起算して60日以内のできる限り短い期間内で、報酬の支払期日を定めなければならないのが原則的なルールです（60日ルール）。もっとも、例外として、別の発注者（元委託者）から受託した業務を特定受託事業者に再委託する場合で、かつ、一定事項を明示した場合には、元委託者による支払日から起算して30日以内に支払えばよいことになります（再委託の特例）。

解　説

1　再委託の特例の内容

　特定業務委託事業者は、特定受託事業者に対して業務を委託する場合、給付を受領した日から起算して60日以内のできる限り短い期間内で、報酬の支払期日を定めなければなりません（〔Q11〕参照、60日ルール）。

　もっとも、特定業務委託事業者が元委託者から業務の委託を受け、当該業務をさらに特定受託事業者に対して再委託する場合には、元委託支払期日から30日以内の期間内において、かつ、できる限り短い期間内において支払期日を定めることができるという例外（再委託の特例）があります（法4③）。

2　再委託の特例の趣旨

　再委託の特例を設けた趣旨は、一律に60日ルールを適用することで特定業務委託事業者の資金繰り悪化や特定受託事業者への発注控えが生ずることを防止する目的で、60日ルールの場合に比べて支払期日の延期を可能とすることにあります（解釈ガイドライン第2部第2　1（2）イ（ア））。

　より具体的には、例えば長期大型のプロジェクト等において完成後に一括して報酬を支払うことが予定されている場合、一律に60日ルールを課すと、特定業務委託事業者は、元委託者からの報酬の支払が未受領であっても特定受託事業者に対して報酬を支払わなければならず、プロジェクトの一部を受注する資金余力の小さい小規模な特定業務委託事業者の資金繰り悪化を招き、倒産のおそれも高まってしまいます。

　また、上記のとおり、60日ルールを前提とすると、特定業務委託事業者としては、元委託者からの未払のリスクを甘受しつつ、特定受託事業者に対して報酬を支払わなければならないこととなるため、そのような不都合を避けるために特定受託事業者に該当しない個人事業主や法人に対しての発注を選択することも考えられます（特定受託事業者の定義については、〔Q4〕参照）。

　このような特定業務委託事業者の資金繰り悪化や特定受託事業者への発注控えを防止する点が再委託の特例の趣旨であると解されます。

3　再委託の特例において明示すべき事項

（1）　明示事項

　再委託の特例の適用を受けるためには、特定受託事業者に対し、次の事項を明示する必要があります（法4③・3①、規則（公取委関係）1②・6）。かかる明示を求める趣旨は、再委託の特例が濫用されるのを防

ぐとともに、特定受託事業者に対し、受注する業務が「再委託」に該当して報酬支払期日の特例が適用され、自らへの報酬がいつ支払われるのかを知らせるためです。

具体的には、以下の①～③を明示しなければなりません（規則（公取委関係）6）。

① 再委託である旨

② 元委託者の商号、氏名若しくは名称又は事業者別に付された番号、記号その他の符号であって元委託者を識別できるもの

③ 元委託業務の対価の支払期日

（2） 具体的な内容及び留意点

①については、特定受託事業者において、当該業務が再委託であることを把握し得る程度のもので足ります（解釈ガイドライン第2部第1 1（4）ア）。

②については、フリーランス法3条1項（取引条件明示義務）、フリーランス規則（厚労省関係）1条1項1号の考え方と同様です（〔Q9〕参照）。

③については、元委託者から特定業務委託事業者に元委託業務の対価を支払う日として定められた期日（元委託支払期日）を明示する必要があります（解釈ガイドライン第2部第1 1（4）ウ）。

仮に当初定めていた元委託支払期日よりも早く元委託業務の対価が支払われた場合であっても、特定業務委託事業者から特定受託事業者に対する再委託に係る報酬の支払期日を前倒しする必要はありません（解釈ガイドライン第2部第2 1（2）イ（ア））。

他方、仮に元委託者からの支払が遅れた場合や、そもそも元委託者が倒産した場合など元委託者から特定業務委託事業者に対して元委託支払期日に報酬が支払われない場合であっても、特定業務委託事業者の特定受託事業者に対する支払義務が免責されるものではなく、明示

第1章　法律等の解説　　47

した元委託支払期日から30日以内の期間内において報酬を支払わなければなりません（参議院内閣委員会議事録第12号（令和5年4月27日）政府参考人品川武）。

4　具体的な支払期日及び支払義務

　再委託の特例が適用される場合、具体的な支払期日は以下のとおりとなります（解釈ガイドライン第2部第2　1（2）イ（イ））。

① 　元委託支払期日から起算して30日以内に支払期日を定めたとき（法4③）は、当該支払期日
② 　支払期日を定めなかったとき（法4④）は、元委託支払期日
③ 　元委託支払期日から起算して30日を超えて支払期日を定めたとき（法4④）は、元委託支払期日から起算して30日を経過する日

　再委託の特例が適用される場合、60日ルールの場合と同様、報酬支払期日までの支払義務が発生します（法4⑤本文）（特定受託事業者の「責めに帰すべき事由」（法4⑤ただし書）については、〔Q11〕参照）。

5　前払金と適切な配慮

　再委託の特例が適用される場合において、特定業務委託事業者が元委託者から前払金の支払を受けたときは、再委託先の特定受託事業者に対し、資材の調達その他の業務委託に係る業務の着手に必要な費用を前払金として支払うよう適切な配慮をしなければなりません（法4⑥）。

（1）　趣　旨

　一般に、業務委託を受けた事業者は、業務の着手に当たって費用を要する場合、前払金の支払を受けられなければ、報酬が支払われるまでの間、当該費用相当額を自ら負担することになります。特に再委託の特例が適用される場合、60日ルールが適用される場合よりも支払期

日が遅れるため、特定受託事業者は、より長期にわたって、業務の着手に当たって要した費用相当額を負担する可能性があります。

一方、特定業務委託事業者が、特定受託事業者に対し、業務の着手に当たって要した費用について必ず前払金として支払うこととすると、特定業務委託事業者にとって過度な負担となる可能性があります。

そこで、特定業務委託事業者が元委託者から前払金の支払を受けた場合に限り、特定受託事業者に対し、再委託を受けた業務の着手に必要な費用の範囲で、前払金を支払うよう適切な配慮をしなければならない旨が定められました（解釈ガイドライン第2部第2　1（4）エ（ア））。

（2）　前払金

「前払金」とは、業務委託の対価の支払期日より前に支払われる金銭のうち、名目を問わず、業務委託の相手方事業者（再委託先を含みます。）が、当該業務の遂行に要し、又は要した費用の全部又は一部として支払われるものをいいます（解釈ガイドライン第2部第2　1（4）ア）。

（3）　元委託者から前払金の支払を受けたとき

「元委託者から前払金の支払を受けたとき」とは、特定業務委託事業者が元委託者から、元委託支払期日より前に、元委託業務の遂行に要し、又は要した費用の全部又は一部の支払を受けたときをいい、前払金の支払時期については、特定業務委託事業者又は特定受託事業者による元委託業務の着手の有無や、元委託業務の完成の前後は問われません（解釈ガイドライン第2部第2　1（4）イ）。

（4）　資材の調達その他の業務委託に係る業務の着手に必要な費用

「資材の調達その他の業務委託に係る業務の着手に必要な費用」とは、特定受託事業者が特定業務委託事業者から再委託を受けた業務の着手までの間に、資材の調達その他の当該業務委託に係る業務の着手のために要し、又は要した費用をいいます（解釈ガイドライン第2部第2　1（4）ウ）。

第1章　法律等の解説　　49

（5）　適切な配慮

　特定業務委託事業者は、前記（1）の趣旨に鑑み、元委託者から支払を受けた前払金について、特定受託事業者との間で適切に分配するなどの配慮をする必要があります。

　例えば業務委託に係る業務の着手に当たって、特定業務委託事業者自身は費用を要せず、特定受託事業者のみが費用を要する場合には、通常、特定業務委託事業者が元委託者から受けた前払金を必要とする合理的な理由は無いことから、特定受託事業者に元委託者から支払を受けた前払金の全部を支払うことが望ましいです。

　また、特定業務委託事業者は、業務委託に係る業務の着手に当たって自身も相当の費用を負担する場合であっても、特定受託事業者が要する費用の額等を踏まえ、特定受託事業者に過度な負担を課すこととならないように十分に協議して前払金の支払額を定めるといった配慮が必要になります（解釈ガイドライン第2部第2　1（4）エ（イ））。

第1章　法律等の解説

第6　事業者の禁止行為

〔Q13〕　禁止行為の規制の適用対象

Q フリーランスに対する禁止行為の規制が適用される事業者は、どのような事業者ですか。また、禁止行為の規制対象となるのは、一定期間以上の業務委託に限られるようですが、どのような場合にこれに当たるのでしょうか。

A 受領拒否の禁止等（法5）の適用対象となる特定業務委託事業者は、①従業員を使用する個人、又は②役員が二人以上であるか従業員を使用する法人です。また、対象となる業務委託は、1か月以上の期間の業務委託に限られます。

解　説

1　禁止行為（フリーランス法5条）の対象事業者

　フリーランス法5条は、発注者がフリーランスに対して行ってはならない事項（受領拒否、報酬減額、買いたたき等）を禁止行為として定めていますが、その適用対象となる発注者は、「特定業務委託事業者」であるとしています。「特定業務委託事業者」とは、取引条件の明示義務（法3）の適用対象となる「業務委託事業者」（特定受託事業者に業務委託をする事業者（法2⑤））よりも限定されており、業務委託事業者のうち、①従業員を使用する個人、又は②二人以上の役員がいるか若しくは従業員を使用する法人のうちのいずれかとされています（法2⑥）（〔Q6〕参照）。

2 禁止行為（フリーランス法5条）の対象となる業務委託の期間

フリーランス法5条の禁止行為は下請法における親事業者の禁止行為の定め（下請4）と類似していますが、下請法とは異なり、適用対象となる業務委託について、「政令で定める期間以上の期間行うもの…に限る」との限定が付されています。そして、禁止行為の対象となる期間は、フリーランス令により1か月と定められています（令1）。

なお、フリーランス法では、妊娠、出産、育児・介護に対する配慮義務（法13）及び解除予告義務（法16）についても対象となる業務委託の期間に限定が付されていますが、フリーランス法13条及び16条では、同法5条と異なり対象となる業務委託の期間は6か月とされ、5条よりも長く設定されている（令3）点に留意が必要です（〔Q24〕、〔Q25〕も参照）。

禁止行為の対象となる業務委託に期間の制限が付されているのは、一般に、契約期間が長くなるほど、特定業務委託事業者と特定受託事業者との間で経済的な依存関係が生じ、かかる関係を利用されてフリーランスが不利益を受けやすい傾向にあるためであると説明されています（衆議院内閣委員会議事録第10号（令和5年4月5日）、参議院内閣委員会議事録第11号（令和5年4月25日）政府参考人小林浩史）。そして、令和5年度フリーランスの業務及び就業環境に関する実態調査によれば、業務を実施する平均的な期間の中央値が「1か月程度」であり、かつ、業務を実施する期間が1か月未満か、1か月程度か3か月程度かで、納得できない行為を受けた経験の有無に大きな違いはなかったこと、下請法では禁止行為に関して期間制限はないこととの比較や、個人であるフリーランスにとって報酬は生活の原資でありたとえ1か月の業務委託であっても報酬減額等による影響は大きいこと、フリーランス法5条の禁止行為は特定業務委託事業者が当然に遵守すべき内容であること等（特定受託事業者に係る取引の適正化に関する検討会報告書）を踏まえ、対象となる期間が1か月と定められました。

3　禁止行為の対象となる業務委託の期間の判断基準

（1）　禁止行為の適用時点

禁止行為の対象となる業務委託は、業務委託を行ってから１か月以上経過した業務委託に限られません。１か月以上の期間行うことを予定している業務委託や、契約の更新により通算して１か月以上継続する予定の業務委託は、委託の当初から（更新の場合は更新後の契約から）禁止行為の対象となる点に留意が必要です（解釈ガイドライン第２部第２　２(1)）。

（2）　基本契約がある場合の考え方

特定業務委託事業者と特定受託事業者との間で基本契約（業務委託に係る給付の内容について、その概要が定められているもの。名称は問わず、契約書という形式である必要はありません。）が締結されている場合には、当該基本契約が１か月以上の期間であれば、それに基づく業務委託は禁止行為の適用対象となります（解釈ガイドライン第２部第２　２(1)ア）。

（3）　期間の始期・終期の判断基準

期間の始期と終期は、以下の基準で判断されます（なお、フリーランス法５条の対象となる業務委託の期間と同法13条及び16条の対象となる業務委託の期間は長さは異なるものの、始期・終期の考え方は共通です。〔Q24〕、〔Q25〕も参照）。

①　単一の業務委託又は基本契約による場合（解釈ガイドライン第２部第２　２(1)ア）

期間の始期は、次のいずれかの早い日とされます。

㋐　業務委託に係る契約を締結した日（フリーランス法３条に基づき明示する「業務委託をした日」）

㋑　基本契約を締結する場合には、基本契約を締結した日

他方、期間の終期は、業務委託に係る契約の終了日又は基本契約

第1章　法律等の解説　　53

の終了日のいずれか遅い日とされています。なお、実際の給付受領日が、3条通知（〔Ｑ9〕参照）に基づき明示される期日よりも前倒し・後ろ倒しになることがありますが、これによって終期が変動することはなく、あくまでも3条通知で明示された終了日で判断されます。

　具体的には、終期は以下のいずれか遅い日とされます。

㋐　3条通知に基づき明示する給付受領日又は役務提供日（期間を定める場合は、当該期間の最終日）

㋑　特定業務委託事業者と特定受託事業者との間で別途契約終了日を定めた場合はその日

㋒　基本契約を締結する場合には、基本契約が終了する日

②　契約の更新により継続して行うこととなる場合（解釈ガイドライン第2部第2　2（1）イ）

　契約の更新により継続して業務委託がなされ、業務委託の期間が通算して1か月以上となる場合には、更新後の業務委託が本条の対象となります。また、基本契約が締結されていて、契約更新により通算して1か月以上の期間となる場合には、それ以降に当該基本契約に基づき締結される業務委託が本条の対象となります。

　この場合も、始期と終期は、上記①の単一の業務委託又は基本契約による場合と同様に判断されます。

　「契約の更新により継続して行うこととなる」の意味は、業務委託に係る前後の契約が、以下の㋐〜㋒の全てを満たす場合を指します。

㋐　契約の当事者が同一であるもの

　これは、前後の業務委託の契約の当事者が同一であることを指します。

④　給付又は役務の提供の内容が少なくとも一定程度の同一性を有するもの

　これは、給付又は役務の機能、効用、態様等を考慮要素として判断されます。原則として、日本標準産業分類の小分類（3桁分類）を参照し、前後の業務委託に係る給付等の内容が同一の分類に属していれば同一性を有していると判断されますが、これが不適当と考えられる事情がある場合（例えば、当事者間のこれまでの契約や当該特定業務委託事業者における同種の業務委託契約の状況等に鑑みて、通常、前後の業務委託が一体のものとしてなされている状況がある場合など）は、上記の考慮要素から個別に判断されます。

　日本標準産業分類の小分類（3桁分類）では、例えばソフトウェア業は全て391の分類ですので、同一の当事者間でソフトウェアＡの開発業務の委託契約終了後にソフトウェアＢの開発業務の委託契約を締結した場合も、同一性があると判断されることになります。

⑰　前の業務委託に係る契約又は基本契約が終了した日の翌日から、次の業務委託に係る契約又は基本契約を締結した日の前日までの期間の日数が1か月未満であるもの

　すなわち、前の業務委託の終期（ただし、3条通知により明示する給付受領日又は役務提供日よりも実際に遅く給付を受領した場合には、実際の受領日と業務委託に係る契約又は基本契約の終了する日のいずれか遅い日）と、次の業務委託の始期から判断されることになります。

　例えば、1月15日を始期、1月31日を給付受領日として明示していた業務委託に関し、実際の給付が10日間遅れて2月10日となり、その後、同一の当事者間で同一の給付内容の次の業務委託が

第1章　法律等の解説

翌月の3月10日に行われ、その給付受領日が3月25日と定められた場合、実際の給付受領日である2月10日の翌日（2月11日）と次の業務委託の始期の前日（3月9日）までの日数が1か月未満となるため、この二つの業務委託は「契約の更新により継続して行」われたこととなります。そして、最初の業務委託の始期から終期までの期間が17日間、次の業務委託の始期から終期までの期間が16日間ですので、通算1か月以上の契約となり、3月10日に行われた業務委託に関しては、禁止行為の規制が適用されることになります。

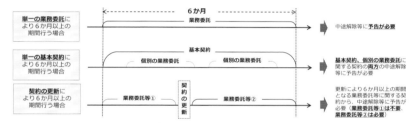

（出典：内閣官房新しい資本主義実現本部事務局、公正取引委員会、中小企業庁、厚生労働省「特定受託事業者に係る取引の適正化等に関する法律（フリーランス・事業者間取引適正化等法）【令和6年11月1日施行】説明資料」（令和6年6月版）16頁）

56 第1章 法律等の解説

〔Q14〕 受領拒否の禁止の意義

Q 禁止行為のうち、「特定受託事業者の責めに帰すべき理由なく受領を拒否する」とは、具体的にはどのような場合を指すのですか。

A 特定受託事業者の責めに帰すべき事由がないのに、特定受託事業者の給付の受領を拒むことを指し、契約の解除や納期の延期等により、実質的に納付を拒むことも原則として含みます。

解　説

1　受領拒否の禁止とその趣旨

　フリーランス法は、特定受託事業者の「責めに帰すべき事由がない」のに、特定業務委託事業者が特定受託事業者の「給付の受領を拒むこと」を禁止しています（法5①一）。

　返品の禁止と同様、受領拒否の禁止の目的は、特定業務委託事業者が給付の目的物について受領を拒否すると、特定業務委託事業者によって指定された仕様等に基づいた目的物は他社への転売が困難であるため、特定受託事業者の利益が著しく損なわれることから、これを防止する点にあります（渡辺正道ほか「特定受託事業者に係る取引の適正化等に関する法律の概要」ジュリスト1589号49頁（2023年））。

　なお、役務の提供委託の受領拒否は、フリーランス法5条の規制の対象ではありません（法5①柱書）。ただし、給付の目的物が存在する役務の提供委託において、特定業務委託事業者が当該目的物を受け取らなかった場合は、「不当な給付内容の変更又はやり直しの禁止」（法

第1章　法律等の解説　　57

5②ニ）（〔Q20〕参照）に該当する場合があります（解釈ガイドライン第2部第2　2（2）ア柱書）。

2　「給付の受領」の意義

　「給付の受領」とは、給付の目的物たる物品等について、特定業務委託事業者の占有の下に置くこと等をいいます（解釈ガイドライン第2部第2　1（1））（詳細は、〔Q11〕参照）。

3　「受領を拒む」の意義

　「受領を拒む」とは、特定受託事業者の給付の全部又は一部を納期に受け取らないことをいい、次の行為も原則として含まれます（解釈ガイドライン第2部第2　2（2）ア（イ））。

① 　業務委託を取り消すこと（契約の解除）により、特定受託事業者の給付の全部又は一部を業務委託時に定められた納期に受け取らないこと

② 　納期を延期することにより、特定受託事業者の給付の全部又は一部を業務委託時に定められた納期に受け取らないこと

4　特定受託事業者の「責めに帰すべき事由がない」の意義

　特定受託事業者の「責めに帰すべき事由」があるとして、特定受託事業者の給付の受領を拒むことが認められるのは、次の①②の場合に限られます（解釈ガイドライン第2部第2　2（2）ア（ウ））。

① 　特定受託事業者による給付の内容が委託内容と適合しないこと等がある場合

　　なお、次のような場合には、委託内容との不適合等を特定受託事業者の「責めに帰すべき事由」として、受領を拒むことは認められません。

・3条通知（〔Q9〕参照）に委託内容が明確に記載されておらず、又は検査基準が明確でない等のため、特定受託事業者の給付の内容が委託内容と適合しないことが明らかでない場合
・業務委託後に検査基準を恣意的に厳しくすることにより、委託内容と適合しないとして、従来の検査基準であれば合格とされたものを不合格とする場合
・取引の過程において、委託内容について特定受託事業者が提案し、確認を求めたところ、特定業務委託事業者が了承したので、特定受託事業者が当該内容に基づき製造等を行ったにもかかわらず、給付の内容が委託内容と適合しないとする場合
② 特定受託事業者の給付が3条通知に記載された納期までに行われなかったため、給付そのものが不要になった場合
　なお、次のような場合には、納期遅れを理由として受領を拒むことは認められません。
・3条通知に納期が明確に記載されていない等のため、納期遅れであることが明らかでない場合
・納期が特定受託事業者の事情を考慮せずに一方的に決定されたものである場合

第1章　法律等の解説　　59

〔Q15〕　報酬減額の禁止の意義

Q 　禁止行為のうち、「特定受託事業者の責めに帰すべき事由がないのに、報酬の額を減ずる」とは、具体的にはどのような場合を指すのですか。

A 　特定受託事業者の責めに帰すべき事由がないにもかかわらず、業務委託時に定めた報酬額を減額することを指します。減額の名目、方法、金額の多寡を問わず、また業務委託後いつの時点での減額であってもこれに該当し、特定受託事業者が減額に合意していても帰責事由がなければ該当します。

解　説

1　報酬減額の禁止

　フリーランス法は、特定業務委託事業者が特定受託事業者に対し、「特定業務受託者の責めに帰すべき事由がないのに、報酬の額を減ずること」を禁止しています（法5①二）。これは、特定業務受託者は一旦決定された報酬であっても事後的に減ずることに同意するよう要求されやすく、これを防止することを目的としています（渡辺正道ほか「特定受託事業者に係る取引の適正化等に関する法律の概要」ジュリスト1589号49頁（2023年））。

2　「報酬」とは

　「報酬」とは、特定業務委託事業者が業務委託をした場合に特定受託事業者の給付や役務提供に対して支払うべき代金をいい（法2⑦）、消費税・地方消費税も含まれます（解釈ガイドライン第1部5）。

3 「報酬の額を減ずる」について

（1） 「報酬の額を減ずる」の意義

「報酬の額を減ずる」とは、一旦決定された報酬の額を事後に減ずることをいいます。減額の名目、方法、金額の多寡を問わず、また業務委託後いつの時点で減じてもこれに該当します。報酬から減ずる金額を差し引く方法はもちろん、特定業務委託事業者の金融機関口座へ減ずる金額を振り込ませる方法も含まれます（解釈ガイドライン第2部第2　2（2）イ）。

（2） 「報酬の額を減ずる」に該当する具体例

例えば、次のような場合は「報酬の額を減ずる」に該当します（解釈ガイドライン第2部第2　2（2）イ（イ））。

① 特定受託事業者との間で単価の引下げにつき合意して単価改定した場合に、単価引下げの合意日前に旧単価で発注したものにも新単価を遡及適用し、旧・新単価の差額を報酬の額から差し引くこと

② 消費税・地方消費税額相当分を支払わないこと

③ 特定受託事業者と書面又は電磁的方法で合意することなく、報酬を特定受託事業者の金融機関口座へ振り込む際の手数料を特定受託事業者に負担させ、報酬の額から差し引くこと

④ 報酬を特定受託事業者の金融機関口座に振り込む際の手数料を特定受託事業者に負担させることを書面又は電磁的方法で合意している場合に、金融機関に支払う実費を超えた振込手数料の額を報酬の額から差し引くこと

⑤ 特定業務委託事業者からの作成に必要な原材料等の支給の遅れ又は無理な納期指定によって生じた納期遅れ等を特定受託事業者の責任によるものとして、納期遅れによる商品価値の低下分とする額を報酬の額から差し引くこと

⑥ 報酬支払に際し、生じた端数を1円以上切り捨てて支払うこと

⑦　特定業務委託事業者の客先からのキャンセル、市況変化等により不要品となったことを理由に、不要品の対価相当額を報酬の額から差し引くこと

⑧　単価の引下げ要求に応じない特定受託事業者に、あらかじめ定められた一定の割合又は一定額を報酬の額から差し引くこと

⑨　報酬の総額はそのままにしておいて、発注数量を増加させること

⑩　特定業務委託事業者が、特定受託事業者が業務委託に係る業務の遂行に要する費用等を特定業務委託事業者が自ら負担する旨を明示していた場合に、当該費用等相当額を支払わないこと

⑪　特定業務委託事業者が特定受託事業者に対して元委託業務の一部を再委託した場合において、特定業務委託事業者と特定受託事業者の間で、委託業務の実施に当たり特定業務委託事業者が締結した保険契約の保険料の一部を特定受託事業者が負担する旨の取決めを行っていなかったにもかかわらず、特定業務委託事業者が当該保険料の一部相当額を報酬の額から差し引くこと

⑫　特定業務委託事業者と特定受託事業者の間で、業務委託に係る契約の更新は義務となっておらず、かつ、契約の更新を行わなかった際には違約金等が発生する旨の合意がなされていなかったにもかかわらず、特定業務委託事業者が特定受託事業者に契約の更新を求め、特定受託事業者がこれを拒んだところ、報酬の額から違約金等の名目で一定の割合又は一定額を報酬の額から差し引くこと

（3）　「報酬の額を減ずる」に該当しない具体例

　例えば、業務委託前に、書面又は電磁的方法で、報酬を特定受託事業者の金融機関口座に振り込む際の振込手数料を特定受託事業者が負担することにつき合意しており、特定業務委託事業者が報酬振込時に金融機関に支払う実費の範囲内で当該手数料を差し引いて報酬を支払う場合には、「報酬の額を減ずる」に該当しません（解釈ガイドライン第2部第2　2（2）イ（ウ））。

4 「特定受託事業者の責めに帰すべき事由」について

「特定受託事業者の責めに帰すべき事由」があるとして、報酬の額を減ずることが認められるのは、次の場合に限られています（解釈ガイドライン第2部第2　2（2）イ（エ））。

① 特定受託事業者の責めに帰すべき事由（委託内容と適合しないこと、納期遅れ等）があるとして、受領拒否又は返品することがフリーランス法違反とならない場合に、受領拒否又は返品をして、その給付に係る報酬の額を減ずる場合

② 特定受託事業者の責めに帰すべき事由があるとして、受領拒否又は返品することがフリーランス法違反とならない場合であって、受領拒否又は返品をせずに、特定業務委託事業者自ら手直しをした場合（役務の提供を委託した場合にあっては、役務の提供を受けた後に自ら手直しをした場合）に、手直しに要した費用等客観的に相当と認められる額を報酬の額から減ずる場合

③ 特定受託事業者の責めに帰すべき事由があるとして、受領拒否又は返品することがフリーランス法違反とならない場合であって、受領拒否又は返品をせずに、委託内容と適合しないこと等又は納期遅れによる商品価値の低下が明らかな場合に、客観的に相当と認められる額を報酬の額から減ずる場合

5 実務上の留意点

仮に報酬の減額等についてあらかじめ合意していたとしても、特定受託事業者の責めに帰すべき事由なく報酬額を減額することは許されません（解釈ガイドライン第2部第2　2（2）イ）。

実務上は、特定業務委託事業者が、特定受託事業者に対して罰金ないし違約金を課し、当該金額を報酬から控除する（相殺する）例が散見されます。罰金や違約金についての合意がない場合に、理由なく報

第1章　法律等の解説　　63

酬から控除することが許されないことは当然です。また、仮に罰金や違約金について契約書で定められていたとしても、特定受託事業者の責めに帰すべき事由（罰金や違約金を課されてもやむを得ないような落ち度）が認められなければ、フリーランス法が禁止している報酬減額（法5①二）に該当する可能性がありますので注意が必要です。例えば、解約予告期間の定めに違反した場合の違約金については、予告期間の長さや特定受託事業者が解約せざるを得なくなった事情次第では、特定受託事業者に帰責事由がないとしてフリーランス法が禁止する報酬減額に該当する可能性があります。

　同様に、特定受託事業者が負担することについて事前に合意していない費用等（例えば特定業務委託事業者が無断で特定受託事業者を加入させた保険の保険料等）を、特定業務委託事業者が特定受託事業者に対して支払う報酬から控除する（相殺する）例も散見されますが、かかる行為もフリーランス法が禁止する報酬減額に該当する可能性があります。

〔Q16〕 返品の禁止の意義

Q 禁止行為のうち、「特定受託事業者の責めに帰すべき理由なく返品を行うこと」とは、具体的にはどのような場合を指すのですか。

A ここでいう「返品」とは、特定受託事業者の責めに帰すべき事由がないのに、特定受託事業者の給付を受領した後、特定受託事業者にその給付に係る物を引き取らせることを指します。返品の名目や数量の多寡は問わず、たとえ返品の合意があっても特定受託事業者の帰責事由がなければ該当します。

解 説

1 返品の禁止とその趣旨

　フリーランス法5条1項3号は、下請法における親事業者の禁止行為と同様に、特定業務委託事業者の禁止行為の一つとして、「特定受託事業者の責めに帰すべき事由がないのに、特定受託事業者の給付を受領した後、特定受託事業者にその給付に係る物を引き取らせること」（以下、本設問では「特定受託事業者の帰責事由のない返品」といいます。）を定めています。その趣旨は、基本的には受領拒否の禁止規定と同様であり（〔Q14〕参照）、納入した物品又は情報成果物を返品されると、特定業務委託事業者によって指定された仕様等に基づいた目的物は他社への転売が困難であり、特定受託事業者の利益が著しく損なわれるので、これを防止する点にあります（渡辺正道ほか「特定受託事業者に係る取引の適正化等に関する法律の概要」ジュリスト1589号49頁（2023年））。

第1章　法律等の解説　　　65

　その該当性の判断において、取引先のキャンセルや商品の入替え等の名目や数量の多寡は問わず、たとえ特定業務委託事業者と特定受託事業者との間で返品について合意が存在しても、特定受託事業者の帰責事由のない返品に該当する限り、フリーランス法違反となります（解釈ガイドライン第2部第2　2（2）ウ）。

　なお、役務の提供委託については、本禁止行為の対象外です（法5①柱書）。ただし、給付の目的物が存在する役務の提供委託において、特定業務委託事業者が特定受託事業者に当該目的物を引き取らせた場合は、不当な給付内容の変更又はやり直しの禁止（法5②二）（〔Q20〕参照）に該当する場合があります（解釈ガイドライン第2部第2　2（2）ウ）。

2　「責めに帰すべき事由」とは

　「特定受託事業者の責めに帰すべき事由」があるとして給付受領後に特定受託事業者に給付物を引き取らせることが認められるのは、特定受託事業者の給付の内容に委託内容と適合しないこと等がある場合で、かつ、後記3の期間内に限られ（解釈ガイドライン第2部第2　2（2）ウ（ア））、そのどちらかでも欠ければ、「特定受託事業者の責めに帰すべき事由」があるとは認められないと考えられます。

　例えば、次のような場合は、委託内容と適合しないとはいえず、返品は認められません（解釈ガイドライン第2部第2　2（2）ウ（ア））。

①　フリーランス法3条に基づく通知（3条通知。〔Q9〕参照）に委託内容が明確に記載されておらず、又は検査基準が明確でない等のため、特定受託事業者の給付の内容が委託内容と適合しないことが明らかでない場合

②　業務委託後に検査基準を恣意的に厳しくすることにより、委託内容と適合しないとして、従来の検査基準で合格とされたものを不合格とする場合

③　給付に係る検査を省略する場合

④　給付に係る検査を特定業務委託事業者が行わず、かつ、当該検査を特定受託事業者に書面又は電磁的方法によって委任していない場合

　上記のほか、公正取引委員会が公表する下請法勧告一覧や公正取引委員会・中小企業庁「下請取引適正化推進講習会テキスト」64〜65頁（2023年）においては、次のような事案が下請法で禁止される返品に該当するとされており、フリーランス法における返品の禁止の該当性判断でも参考になります。

⑤　商品受領後、当該商品の売れ残りや入れ替え、当該商品を使用する製品の販売終了、注文受付期間の終了等を理由として、当該商品を引き取らせる行為

⑥　商品を購入した顧客から商品に不具合があるとのクレームがあったことを理由として、受領後6か月を経過した商品を引き取らせる行為

3　返品することのできる期間

　特定受託事業者に帰責事由があるとして返品することができる期間は、次のとおりであり、当該期間を超えた後に返品することは法違反となります（解釈ガイドライン第2部第2　2（2）ウ（イ））。

（1）　特定受託事業者の給付の内容に、直ちに発見することができる委託内容と適合しないことがある場合

　受領後速やかに返品することは認められますが、特定業務委託事業者が意図的に検査期間を延ばし、その後に返品することは認められません。

第1章　法律等の解説　　67

（2）　特定受託事業者の給付の内容に、直ちに発見することができ
　　ない委託内容と適合しないことがある場合

　給付の受領後6か月以内（当該給付を使用した特定業務委託事業者
の商品につき一般消費者に6か月を超えて保証期間を定めている場合
には、その保証期間に応じ最長1年以内）に返品しなければなりませ
ん。

〔Q17〕 買いたたきの禁止の意義

 禁止行為のうち、買いたたきとは、具体的にはどのような場合を指すのですか。

「買いたたき」とは、特定受託事業者の給付の内容と同種又は類似の内容の給付に対し通常支払われる対価に比し著しく低い報酬の額を不当に定めることを指します。①対価の決定方法、②対価の決定内容、③「通常支払われる対価」と当該給付に支払われる対価との乖離状況、④当該給付に必要な原材料等の価格動向などの要素を勘案して総合的に判断されます。

解　説

1　買いたたきの禁止とその趣旨

フリーランス法5条1項4号は、特定業務委託事業者の禁止行為の一つとして、「特定受託事業者の給付の内容と同種又は類似の内容の給付に対し通常支払われる対価に比し著しく低い報酬の額を不当に定めること」と定め、いわゆる「買いたたき」を禁止しています。報酬額を決定する際に、特定受託事業者は通常支払われる対価と比べて著しく低い報酬の額を押し付けられやすく、これを防止することを目的としています（渡辺正道ほか「特定受託事業者に係る取引の適正化等に関する法律の概要」ジュリスト1589号49頁（2023年））。

ここでいう「通常支払われる対価」とは、「特定受託事業者の給付と同種又は類似の給付について当該特定受託事業者の属する取引地域において一般に支払われる対価」をいいます（解釈ガイドライン第2部第2　2（2）エ（ア））。

買いたたきは、特定業務委託事業者が特定受託事業者に業務委託をする時点で生じます。同じく禁止行為とされる報酬の減額（〔Q15〕参照）は、一旦決定された報酬の額を事後に減ずるものであり、両者は適用場面の時点を異にします。例えば、契約書上の文言を根拠に費用や違約金・罰金等の名目で報酬額を事後的に減じるようなケースは、報酬減額の禁止（〔Q15〕参照）との関係で問題となります。

2　買いたたきの判断基準

買いたたきに該当するか否かは、次のような要素を勘案して総合的に判断されます（解釈ガイドライン第2部第2　2（2）エ（イ））。

① 対価の決定方法（報酬の額の決定に当たり、特定受託事業者と十分な協議が行われたかどうかなど）

② 対価の決定内容（差別的であるかどうかなど）

③ 「通常支払われる対価」と当該給付に支払われる対価との乖離状況

④ 当該給付に必要な原材料等の価格動向

「通常支払われる対価」を把握することができないか又は困難である給付については、例えば、当該給付が従前の給付と同種又は類似のものである場合には、次の額を「通常支払われる対価に比し著しく低い報酬の額」とします（解釈ガイドライン第2部第2　2（2）エ（ア））。

① 従前の給付に係る単価で計算された対価に比し著しく低い報酬の額

② 当該給付に係る主なコスト（労務費、原材料価格、エネルギーコスト等）の著しい上昇を、例えば、最低賃金の上昇率、春季労使交渉の妥結額やその上昇率などの経済の実態が反映されていると考えられる公表資料から把握することができる場合において、据え置かれた報酬の額

3 買いたたきに該当するおそれのあるケース

買いたたきの該当性の判断はケース・バイ・ケースにならざるを得ませんが、次のような方法で報酬の額を定めることは、買いたたきに該当するおそれがあります（解釈ガイドライン第2部第2 2(2)エ(ウ)）。

① 継続的な委託を行い大量の発注をすることを前提として特定受託事業者に単価の見積りをさせ、その見積価格の単価を短期で少量の委託しかしない場合の単価として報酬の額を定めること

② 特定受託事業者に見積りをさせた段階より給付又は提供すべき役務が増えたにもかかわらず、報酬の額の見直しをせず、当初の見積価格を報酬の額として定めること

③ 一律に一定比率で単価を引き下げて報酬の額を定めること

④ 特定業務委託事業者の予算単価のみを基準として、一方的に通常支払われる単価より低い単価で報酬の額を定めること

⑤ 短納期発注を行う場合に、特定受託事業者に発生する費用増を考慮せずに通常支払われる単価よりも低い報酬の額を定めること

⑥ 合理的な理由なく、特定の特定受託事業者を差別して取り扱い、他の特定受託事業者より低い報酬の額を定めること

⑦ 同種の給付について特定の地域又は顧客向けであることを理由に、通常支払われる対価より低い単価で報酬の額を定めること

⑧ 情報成果物の作成委託の給付の内容に知的財産権が含まれている場合、当該知的財産権の対価について、特定受託事業者と協議せずに、一方的に通常支払われる対価より低い額を定めること

⑨ 労務費、原材料価格、エネルギーコスト等のコスト上昇分の取引価格への反映の必要性について、価格の交渉の場において明示的に協議することなく、従来どおりに報酬を据え置くこと

⑩ 労務費、原材料価格、エネルギーコスト等のコストが上昇したため、特定受託事業者が報酬の引上げを求めたにもかかわらず、価格

第1章　法律等の解説　　71

　　転嫁をしない理由を書面、電子メール等で特定受託事業者に回答することなく、従来どおりに報酬を据え置くこと

⑪　委託内容に対応するため、特定受託事業者における品質改良等に伴う費用が増加したにもかかわらず、一方的に通常支払われる対価より低い価格で報酬の額を定めること

　下請法に関する裁判例ですが、親事業者が下請事業者に対し、対象業務について要件定義書や基本設計書等の適正な見積りをするための十分な情報を与えないまま概算の見積書等を提出させ、以後これを基準とし、工数が増加してもその増加に伴う工数や費用を認めず、通常の対価の4分の1の報酬しか支払わなかった事案について、下請法上禁止される「買いたたき」に該当すると判示したもの（東京地判平21・3・25（平20（ワ）9965））があります。

　そのほか、公正取引委員会が公表する下請法勧告一覧によれば、例えば、次のような事案で下請法が禁止する買いたたきに該当するものとして勧告がなされているのが、参考になります。

①　親事業者の営業本部等の意向を踏まえた発注単価の引下げを要請し、従来単価から27.7％引き下げた単価を設定した行為

②　単価引上げを求める下請事業者に対して、実際には具体的な単価引上げの計画などないにもかかわらず、段階的に単価を引き上げる旨説明し、製造原価未満の新単価を受け入れさせた行為

③　商品の売行きが悪いことを理由として、発注前に下請事業者と協議して決定していた予定単価を約59％から約67％引き下げた単価を定めて発注した行為

72　　　　第1章　法律等の解説

〔Q18〕　物の購入・役務利用の強制の禁止の意義

Q 　禁止行為のうち、「自己の指定する物を強制して購入させ、又は役務を強制して利用させること」とは、具体的にはどのような場合を指すのですか。

A 　特定受託事業者に対し、特定業務委託事業者の指定する物を強制して購入させたり、役務を強制して利用させたりすることを意味し、具体的には、自社商品や自社サービス等を押し付けて販売することを指します。

解　説

1　物の購入・役務利用の強制の禁止

　フリーランス法は、「正当な理由がある場合」を除き、特定業務委託事業者が特定受託事業者に対し、「自己の指定する物を強制して購入させ、又は役務を強制して利用させること」を禁止しています（法5①五）。これは特定業務委託事業者が自らの製品等の売上の増大を図るため、あるいは余剰の原材料を処分するために、特定業務委託事業者が取引上劣位にある受注者たる特定受託事業者にこれらの物の購入を強制することによって、不当に特定受託事業者の利益を害することがないよう、正当な理由がある場合を除いて、このような強制行為を禁止したものです。

2　「自己の指定する物又は役務」について

　「自己の指定する物」とは、原材料等だけでなく、特定業務委託事業者又はその関連会社等が販売する物であって、特定受託事業者に購

第1章　法律等の解説　　　　73

入させる対象として特定した物が全て含まれます。また、「自己の指
定する役務」とは、特定業務委託事業者又はその関連会社等が提供す
るものであって、特定受託事業者に利用させる対象として特定した役
務が全て含まれます（解釈ガイドライン第2部第2　2(2)オ(ア)）。

　具体例については、同様に購入・利用強制の禁止を定めている下請
法の解釈が参考になると思われ、「物」には、不動産を含むあらゆる有
体物がこれに該当し、商品券、ゴルフ場の会員権、株券等の有価証券
も含まれ、また、「役務」には、例えば、保険、リース、インターネッ
ト・プロバイダ等のサービスも含まれると考えられます（鎌田明編『下
請法の実務［第4版］』156頁（公正取引協会、2017年））。また、自社の製品や
サービスだけでなく、自社取引先である特約店・卸売店又は自社の子
会社・関係会社等の製品やサービスも含まれると考えられ、例えば自
社に出資している保険会社の保険商品への加入を要請する行為なども
含まれます（下請法テキスト1(5)カ）。

3　「強制して」について

　「強制して」購入させる、又は利用させるとは、①物の購入又は役
務の利用を取引の条件とする場合、②購入又は利用しないことに対し
て不利益を与える場合のほか、③特定業務委託事業者と特定受託事業
者との取引関係を利用して、事実上、購入又は利用を余儀なくさせて
いると認められる場合も含まれます。

　したがって、特定業務委託事業者が任意の購入又は利用を依頼した
と思っていても、特定受託事業者にとってはその依頼を拒否できない
場合もあり得るので、事実上、特定受託事業者に購入又は利用を余儀
なくさせていると認められる場合には、フリーランス法違反となるお
それがあります（解釈ガイドライン第2部第2　2(2)オ(イ)）。例えば、特
定業務委託事業者が特定受託事業者に対し、購入又は利用しなければ、

これからの発注を見直すなどの発言をするような場合は、購入・利用強制に該当するおそれがあります。

4　物の購入・役務利用の強制の禁止の具体例

　例えば、次のような方法で特定受託事業者に自己の指定する物の購入又は役務の利用を要請することは、購入・利用強制に該当するおそれがあります（解釈ガイドライン第２部第２　２（２）オ（ウ））。

① 　購買・外注担当者等、業務委託先の選定又は決定に影響を及ぼすこととなる者が特定受託事業者に購入又は利用を要請すること

② 　特定受託事業者ごとに目標額又は目標量を定めて購入又は利用を要請すること

③ 　特定受託事業者に、購入又は利用しなければ不利益な取扱いをする旨示唆して購入又は利用を要請すること

④ 　特定受託事業者が購入若しくは利用する意思がないと表明したにもかかわらず、又はその表明がなくとも明らかに購入若しくは利用する意思がないと認められるにもかかわらず、重ねて購入又は利用を要請すること

⑤ 　特定受託事業者から購入する旨の申出がないのに、一方的に特定受託事業者に物を送付すること

5　「正当な理由」について

　特定業務委託事業者が特定受託事業者に対して「自己の指定する物を強制して購入させ、又は役務を強制して利用させる」場合であっても、そのことに「正当な理由」がある場合はフリーランス法違反となりません。フリーランス法上も、特定受託事業者の「給付の内容を均質にし、又はその改善を図るため必要がある場合」については「正当な理由」があるとしています（法5①五）。

第1章　法律等の解説　　75

　このほかにも、例えば、①特定の性質の原材料等を使用することで
しか特定業務委託事業者が特定受託事業者に依頼した契約の目的を達
成することができないような場合には、特定業務委託事業者が特定受
託事業者に対して当該特定の性質の原材料等の購入を求めることは許
され、また、②特定受託事業者が委託を受けた業務を履行するに際し
て、特定の役務の利用が必要不可欠といえるような場合にも、当該特
定の役務の利用を求めることは許されます。ただし、下請法の解釈を
参考にするならば、こうした特殊な事情がある場合を除き「正当な理
由」があるとは考え難いのではないかと思われます（前掲・鎌田157頁）。

76　　　　　第1章　法律等の解説

〔Q19〕　不当な経済上の利益の提供要請の禁止の意義

Q　禁止行為のうち、「自己のために金銭、役務その他の経済上の利益を提供させる」とは、具体的にはどのような場合を指すのですか。また、どのような場合に、「特定受託事業者の利益を不当に害」することになるのですか。

A　特定受託事業者に対し、特定業務委託事業者への金銭、役務その他の経済上の利益を提供させることを意味し、具体的には、特定業務委託事業者に協賛金、協力金等の金銭を提供させたり、作業への労務を提供させたりすることを指します。特定受託事業者にとって直接的に利益になるものを自由意思で提供する場合を除きますが、そのような特殊な事情のない場合、特定受託事業者の利益を不当に害することになります。

解　説

1　不当な経済上の利益の提供要請

　フリーランス法は、特定業務委託事業者が特定受託事業者に「自己のために金銭、役務その他の経済上の利益を提供させること」により、特定受託事業者の「利益を不当に害」することを禁止しています（法5②一）。これは、特定受託事業者が特定業務委託事業者のために協賛金等の経済上の利益を提供させられることにより、特定受託事業者の利益が不当に害されることを防止するために禁止されたものです。

　なお、内閣官房新しい資本主義実現会議事務局・公正取引委員会・厚生労働省・中小企業庁「令和3年度フリーランス実態調査結果」Q32－1では、不当な経済上の利益の提供要請に当たり得る「自身のア

第1章　法律等の解説　　77

イデアや企画案が無断で使用された」が4.3％、「著作権、特許権など
の権利を不当に譲渡・利用許諾させられた」が3.2％、「不当に協賛金
などの金銭や、契約内容にない労務等を提供させられた」が3.0％と、
一定数の回答が存在します。

2　「金銭、役務その他の経済上の利益」について

　「金銭、役務その他の経済上の利益」とは、協賛金、協力金等とい
った名目が何であれ、特定受託事業者への報酬の支払とは独立して行
われる金銭などの提供、作業への労務の提供等を含みます（解釈ガイド
ライン第2部第2　2（2）カ（ア））。特定業務委託事業者が、特定受託事
業者が所有する機器の貸与を要請すること、特定受託事業者に帰属す
る著作権等の無償譲渡を要請することも含みます。

3　特定受託事業者の「利益を不当に害」することについて

　特定受託事業者が、特定業務委託事業者に対して「経済上の利益」
を提供することが自らの報酬増加につながるなど、直接の利益になる
ものとして、自由な意思により提供する場合には特定受託事業者の利
益を不当に害するものであるとまではいえず、禁止されません（解釈ガ
イドライン第2部第2　2（2）カ（イ））。下請法上の解釈を参考にすれば、
協賛金の要請については、当該協賛金を提供することにより特定業務
委託事業者に納入した物品等の販売促進につながり、特定受託事業者
の取引機会の増大に役立つ場合もあり、また、手伝い等の役務提供の
要請についても、特定業務委託事業者の各種ノウハウを特定受託事業
者が獲得する機会となる等、特定受託事業者のメリットとなる場合も
一応考えられます（鎌田明編『下請法の実務［第4版］』170・171頁（公正取引
協会、2017年））。

　しかしながら、「経済上の利益」を提供することにより実際に生じる

利益が不利益を上回るわけではなく、単に将来の取引が有利になるというような間接的な利益が生じるに過ぎないような場合は、特定受託事業者の利益を不当に害することになります。また、例えば、協賛金の支払要請等、特定受託事業者の直接の利益とならない場合や、特定受託事業者が「経済上の利益」を提供することと、特定受託事業者の利益との関係を特定業務委託事業者が明確にしないで提供させる場合（特定受託事業者が経済上の利益を提供することがどのように報酬増加に直接つながるのかが不明な場合を指し、負担額及び算出根拠、使途、提供の条件等について明確になっていない場合や、虚偽の数字を示して提供させる場合を含みます。）にも、特定受託事業者の利益を不当に害するものとして問題となります（解釈ガイドライン第2部第2　2(2)カ(イ)）。

4　知的財産権等の取扱い

　例えば、映像制作等のクリエイターに対する委託等の場合、特定受託事業者の作品に関する著作権その他の知的財産権は、原則、特定受託事業者に帰属します。

　このような場合に、①注文者が特定受託事業者に発生した知的財産権を業務委託の目的である使用の範囲を超えて無償で譲渡・許諾させること、②製造委託の場合に、業務委託時に特定受託事業者の給付の内容に含まれていなかった知的財産権やノウハウが含まれる技術資料を無償で提供させること、③特定受託事業者が知的財産権を有する情報成果物について、特定業務委託事業者が収益を特定受託事業者に配分しない、収益の配分割合を一方的に定める、又は、特定受託事業者による二次利用を制限するなどといった対応をすることは、特定受託事業者の利益を不当に害する場合、不当な経済上の利益の提供要請に当たります（解釈ガイドライン第2部第2　2(2)カ(ウ)）。

第1章　法律等の解説　　79

　したがって、特定受託事業者に帰属する知的財産権を特定業務委託事業者に対して適法に譲渡させるには、3条通知（〔Q9〕参照）に知的財産権を特定業務委託事業者に譲渡することのほか、特定受託事業者の委託代金に知的財産権の譲渡価格を含んでいることを明示することが必要となります。

5　不当な経済上の利益の提供要請の具体例

　例えば、特定業務委託事業者が次のような方法で特定受託事業者に対し、自己のために経済上の利益の提供を要請することは、不当な経済上の利益の提供要請に該当するおそれがあります（解釈ガイドライン第2部第2　2（2）カ（エ））。

①　購買・外注担当者等、業務委託先の選定又は決定に影響を及ぼすこととなる者が特定受託事業者に金銭・労務等の提供を要請すること

②　特定受託事業者ごとに目標額又は目標量を定めて金銭・労務等の提供を要請すること

③　特定受託事業者に、要求に応じなければ不利益な取扱いをする旨を示唆して金銭・労務等の提供を要請すること

④　特定受託事業者が提供する意思がないと表明したにもかかわらず、又はその表明がなくとも明らかに提供する意思がないと認められるにもかかわらず、重ねて金銭・労務等の提供を要請すること

⑤　情報成果物等の作成に関し、特定受託事業者の知的財産権が発生する場合において、特定業務委託事業者が3条通知の「給付の内容」に知的財産権の譲渡・許諾が含まれる旨を記載していないにもかかわらず、当該情報成果物等に加えて、無償で、作成の目的たる使用の範囲を超えて当該知的財産権を特定業務委託事業者に譲渡・許諾させること

〔Q20〕 不当な給付内容の変更・不当なやり直しの禁止の意義

Q 禁止行為とされている、「不当な給付内容の変更」「不当なやり直し」とはどういった行為でしょうか。

A 特定業務委託事業者が、特定受託事業者の責めに帰すべき事由がないのに、給付内容を変更させたり、給付をやり直させ、これにより生ずる費用負担をしないなどによって特定受託事業者の利益を不当に害することを指します。

解説

1 不当な給付内容の変更・不当なやり直しの禁止

フリーランス法5条2項2号は、特定業務委託事業者が、特定受託事業者の責めに帰すべき事由がないのに、①給付の受領前に特定受託事業者の給付の内容を変更させること、又は②給付受領後（役務提供後）に給付をやり直させることによって、特定受託事業者の利益を不当に害することを禁じています。

特定受託事業者が業務委託の取消しや給付内容の変更、やり直し、追加作業などを強いられ、当初業務委託された内容からすれば必要ない作業を行うことになったり、作成中の成果物やそれまでの作業等が無駄になる等して、これに要した費用等も負担させられることにより特定受託事業者の利益が害されることを防止するものです。

なお、内閣官房新しい資本主義実現会議事務局・公正取引委員会・厚生労働省・中小企業庁「令和3年度フリーランス実態調査結果」Q32―1では、不当な給付内容の変更に当たり得る「いったん発注があ

第1章　法律等の解説　　　81

ったにもかかわらず、依頼者の都合により、当該取引の発注数量が減った又は発注がなくなった」が15.3％、「依頼者の都合で、やり直しや追加作業を行ったにもかかわらず、それに伴う追加費用を負担してもらえなかった」が11.0％と、上位の回答となっています。

2　給付内容の変更

　「給付の内容を変更させ」るとは、特定業務委託事業者が給付の受領前に、特定受託事業者に、3条通知に記載されている給付の内容を変更し、当初の委託内容とは異なる作業を行わせることをいいます。業務委託を取り消すこと（契約の解除）も給付内容の変更に該当します（解釈ガイドライン第2部第2　2(2)キ(ア)）。

3　給付のやり直し

　「給付をやり直させる」とは、特定業務委託事業者が給付を受領した後（役務の提供委託の場合は、特定受託事業者から役務の提供を受けた後）に、特定受託事業者に、その給付に関して追加的な作業を行わせることをいいます（解釈ガイドライン第2部第2　2(2)キ(イ)）。

4　「特定受託事業者の利益を不当に害する」について

　給付内容の変更ややり直しが全て禁止されるわけではなく、禁止行為に該当するのは、給付内容の変更ややり直しに必要な費用を特定業務委託事業者が負担しないなどにより、特定受託事業者の利益を「不当に害する」場合です。給付内容の変更又はやり直しのために必要な費用を特定業務委託事業者が負担するなどにより、特定受託事業者の利益を不当に害しないと認められる場合には問題となりません（解釈ガイドライン第2部第2　2(2)キ(ウ)）。

5 特定受託事業者の責めに帰すべき事由

特定業務委託事業者が費用を全く負担することなく給付内容を変更したりやり直しをさせても、特定受託事業者の「責めに帰すべき事由」がある場合には禁止行為に該当しませんが、特定受託事業者に帰責事由があると認められるのは次の①～③の場合に限られます（解釈ガイドライン第2部第2 2（2）キ（エ））。

① 給付受領前に特定受託事業者の要請により給付の内容を変更する場合

② 給付受領前に特定受託事業者の給付の内容を確認したところ、給付の内容が3条通知に記載された「給付の内容」と適合しないこと等があることが合理的に判断され、給付の内容を変更させる場合

③ 給付受領後、特定受託事業者の給付の内容が3条通知に記載された「給付の内容」と適合しないこと等があるため、やり直しをさせる場合

6 不当な給付内容の変更又は不当なやり直しに該当する場合

例えば次のような場合に、特定業務委託事業者が、費用の全額を負担することなく、給付内容の変更又はやり直しを要請することは、認められません（解釈ガイドライン第2部第2 2（2）キ（オ））。

① 特定受託事業者の給付の受領前に、特定受託事業者から給付の内容を明確にするよう求めがあったにもかかわらず、特定業務委託事業者が正当な理由なく給付の内容を明確にせず、特定受託事業者に継続して作業を行わせ、その後、給付の内容が委託内容と適合しないとする場合

② 取引の過程において、委託内容について特定受託事業者が提案し、確認を求めたところ、特定業務委託事業者が了承したので、特定受託事業者が当該内容に基づき、製造等を行ったにもかかわらず、給

第 1 章　法律等の解説　　　　　　　　　　　　　　　83

付の内容が委託内容と適合しないとする場合

③　業務委託後に検査基準を恣意的に厳しくし、給付の内容が委託内容と適合しないとする場合

④　通常の検査で委託内容と適合しないことを発見できない特定受託事業者の給付について、受領後１年を経過した場合（ただし、特定業務委託事業者が、顧客等に１年を超えた契約不適合責任期間を定めている場合に、特定業務委託事業者と特定受託事業者がそれに応じた契約不適合責任期間をあらかじめ定めている場合は除きます。）

7　情報成果物の作成委託における「給付の内容を変更」又は「給付をやり直しさせる」こと

情報成果物の作成委託においては、特定業務委託事業者の価値判断等により成果物を評価する部分があり、事前に委託内容として給付を充足する条件を３条通知に明確に記載することが不可能な場合もあります。

このような場合には、特定業務委託事業者がやり直し等をさせるに至った経緯等を踏まえ、やり直し等の費用について特定受託事業者と十分な協議をした上で合理的な負担割合を決定し、その割合を特定業務委託事業者が負担するのであれば、やり直し等をさせても問題はありません（解釈ガイドライン第２部第２　２（２）キ（カ））。

ただし、特定業務委託事業者が一方的に負担割合を決定することにより特定受託事業者に不当な不利益を与える場合や、前記６①から④までに該当する場合には、やはり不当な給付内容の変更ややり直し等に該当します。

84　　　第1章　法律等の解説

〔Q21〕　支払遅延の取扱い

Q　　下請法では、支払遅延が禁止行為として明示されていますが、フリーランス法にはそのような記載がありません。フリーランス法では、特定受託事業者に帰責事由のある支払遅延は許容しているということでしょうか。

A　　フリーランス法は、継続的な業務委託に限らず、全ての業務委託に適用される4条5項において同法所定の支払期日までの支払義務を定めています。特定受託事業者の帰責事由により支払ができなかった場合は、当該事由の消滅日から起算して60日以内に報酬を支払えばよいとされていますが、当該事由は厳格に解されており、下請法に比して、広く支払遅延を許容するものではありません。

解　説

1　支払期日に関するフリーランス法と下請法の規律の異同

（1）　下請法における規律

　下請法は、下請代金の支払期日は、検査の有無を問わず、「親事業者が下請事業者の給付を受領した日から起算して、60日の期間内において、かつ、できる限り短い期間内において、定められなければならない」と定めており（下請2の2①）、支払期日の定めがないときは給付受領日が、給付の受領日から起算して60日を超えて支払期日が定められたときは給付受領日から起算して60日を経過した日の前日が支払期日とみなされます（下請2の2②）。

　また、下請代金をその支払期日の経過後なお支払わないことが禁止行為とされており（下請4①二）、当該支払遅延が下請事業者の帰責事

由（例：下請事業者による請求書の発行の遅延等）による場合であっても免責されません（下請法テキスト46頁）。もっとも、例えば、下請事業者の作業時間に応じて下請代金が算定される場合は、下請事業者から作業時間の報告がなければ報酬の算定ができないところ、その場合にも下請法に定める支払期日までの支払義務を課すことは、親事業者に不可能を強いることになるので、報酬算定に必要な情報の提供も委託業務の中に含まれるとして、当該情報提供がなされない間は、「給付を受領した」といえないと整理することも考えられると解されています（長澤哲也『優越的地位濫用規制と下請法の解説と分析〔第4版〕』403頁（商事法務、2021年））。さらに、親事業者が、支払期日までに下請代金を支払わなかったときは、下請事業者に対し給付受領日から起算して60日を経過した日から年14.6％を乗じて得た金額を遅延利息として支払う必要があります（下請4の2、下請代金支払遅延等防止法第4条の2の規定による遅延利息の率を定める規則）。

（2）　フリーランス法における規律

　フリーランス法は、下請法2条の2と同様、報酬の支払期日は、「給付を受領した日から起算して60日の期間内において、かつ、できる限り短い期間内において、定められなければならない」と定めており（法4①）、支払期日の定めがないときや給付の受領日から起算して60日を超えて支払期日が定められたときの支払期日のみなし規定も下請法と同様です（法4②）。

　特定業務委託事業者は、支払期日までに報酬を支払わなければならないと定められていますが（法4⑤）、下請法4条と異なり、報酬を支払期日に支払わないことは、発注者の禁止行為には定められておらず（法5参照）、また、フリーランス法4条5項は、例外的に「特定受託事業者の責めに帰すべき事由により支払うことができなかったとき」は、当該事由が消滅した日から起算して60日以内に報酬を支払うものと定

めています。なお、下請法と異なり、支払期日を遅延した場合の法定
の遅延利息の定めはありません。

2　フリーランス法における支払遅延の整理

　もっとも、フリーランス法上は、禁止行為の規定は、1か月以上の
継続的な業務委託の場合にのみ適用されるところ（法5）（〔Q13〕参
照）、フリーランス法は、当該継続的な業務委託に限らず、特定受託事
業者に対する業務委託一般において支払期日の遵守を図るべく、禁止
行為の条文ではなく、支払期日等の条文（法4⑤）において支払期日ま
での支払義務を定めていますので、フリーランス法が支払遅延を許容
しているわけではないものと整理されます。

　また、上記1のとおり「特定受託事業者の責めに帰すべき事由によ
り支払うことができなかったとき」については、例外的に給付受領日
から60日以内の支払義務が免除され、「当該事由が消滅した日から起
算して60日以内に報酬を支払わなければな」りません。本例外事由は、
特定受託事業者は事実上小規模事業者が多く、口座番号の伝達ミス等
のケアレスミスを犯す事業者も想定されるところ、このような場合に
おいても、特定業務委託事業者に一律に60日以内の報酬支払義務を定
めることはかえって発注控えを引き起こす可能性があるため設けられ
たものと考えられます。もっとも、ここでいう特定受託事業者の帰責
事由は、例えば、特定受託事業者が誤った口座情報を特定業務委託事
業者に伝えていたときがこれに該当するとされるなど（解釈ガイドライ
ン第2部第2　1（3）ア）、厳格に判断すべきと解されており（〔Q11〕参
照）、また、上記のとおり、下請法においても下請事業者の帰責事由に
より報酬支払義務の遵守が不可能になる場合に下請法違反を構成しな
いとする解釈論も主張されており、実質的には、フリーランス法が、
下請法に比して広く支払遅延を許容しているものではないといえま
す。

3　検　討

　フリーランス法においては、特定業務委託事業者が支払期日までに報酬の支払をしないとして、特定受託事業者が特定業務委託事業者に対して報酬支払請求をした場合に、特定業務委託事業者が「特定受託事業者の責めに帰すべき事由」により給付の内容が仕様を満たさないので、未だ支払期日が到来していないとの反論を行うことが考えられます。

　もっとも、上記2のとおり、当該帰責事由は限定的に解されていますので、この場合はむしろ、そもそも「給付を受領した」に該当するかが争点になるものと思われます（法4①）。この点、「特定受託事業者の給付に、特定受託事業者から提供されるべき物品及び情報成果物と適合しないこと等があるなど、特定受託事業者の責めに帰すべき事由があり、報酬の支払前にやり直しをさせる場合には、やり直しをさせた後の物品又は情報成果物を受領した日が支払期日の起算日となる」とされています（解釈ガイドライン第2部第2　1（1）エ）ので、委託内容との不適合に関する疑義を避けるため、実務上は3条通知において成果物の仕様を明確に定めておくことが望ましいものと考えられます（解釈ガイドライン第2部第1　1（3）ウ参照）。なお、情報成果物作成委託については、あらかじめ特定業務委託事業者と特定受託事業者との間で、特定業務委託事業者が支配下に置いた当該情報成果物が一定の水準を満たしていることを確認した時点で、給付を受領したこととすることを合意することで、当該情報成果物を支配下に置いたとしても直ちに「受領」したものとは取り扱わず、支配下に置いた日を「支払期日」の起算日とはしないことができ（解釈ガイドライン第2部第2　1（1）イ）、例えば3条書面に、実際の納期より前段階における、内容の確認のための納入日を定めることが考えられます（前掲・長澤217頁、下請法テキスト48頁、放送コンテンツ適正取引推進協議会「よくわかる放送コンテンツ適正取引テキスト」86頁（2021年））。

第7　ハラスメント、出産・育児・介護

〔Q22〕　ハラスメント対策義務

　事業者が負うハラスメント対策義務は、どのような内容でしょうか。

　特定業務委託事業者に課せられた義務であり、セクシュアルハラスメント、マタニティハラスメント、パワーハラスメントによって、フリーランスの就業環境が害されることのないよう、必要な体制の整備その他必要な措置を講じることが内容とされています。

解　説

1　ハラスメント対策義務の主体

　ハラスメント対策義務の主体は、特定業務委託事業者です（法14①）。
　特定業務委託事業者とは、
①　個人であって、従業員を使用するもの
②　法人であって、二以上の役員があり、又は従業員を使用するもの
のいずれかに該当する業務委託事業者をいいます（法2⑥）。その詳細は〔Q6〕で解説されているとおりですが、従業員を使用しない個人事業主や代表者一人だけで経営されている会社は主体にはなりません。
　ただし、特定業務委託事業者に該当しない個人事業主等であればフリーランスに対するハラスメント対策をしなくてもよいということではありません。
　例えば、男女雇用機会均等法に基づくセクハラ指針、マタハラ指針、

労働施策総合推進法に基づくパワハラ指針は、個人事業主等に対する言動についても、必要な注意を払うよう努めることが望ましいとしています。また、下級審裁判例の中には業務受託者に対するハラスメントを理由に損害賠償責任を認めたものもあります（債務不履行責任についてアムールほか事件＝東京地判令4・5・25労判1269・15、不法行為責任について弁護士法人甲野法律事務所事件＝横浜地川崎支判令3・4・27労判1280・57）。

　フリーランス法上のハラスメント対策義務を負うか否かにかかわらず、ハラスメントを行うことは許されません。

2　ハラスメント対策義務の内容

（1）　厚生労働大臣による指針

　ハラスメント対策義務の内容は、フリーランスからの相談に応じ、適切に対応するために必要な体制の整備その他必要な措置を講じることです（法14①）。措置の内容は、厚生労働大臣が公表するフリーランス指針（法15）で定められています。

（2）　対策義務の対象となるハラスメント

　　ア　3種類のハラスメント

　フリーランス指針によると、対象となるハラスメントは、業務委託におけるセクシュアルハラスメント（法14①一）、業務委託における妊娠、出産等に関するハラスメント（法14①二）、業務委託におけるパワーハラスメント（法14①三）の3種類です。

　その内容は「職場における」が「業務委託における」に置き換わっていることを除けば、男女雇用機会均等法や労働施策総合推進法、セクハラ指針、マタハラ指針、パワハラ指針の各指針で定められている職場におけるセクシュアルハラスメント、職場における妊娠、出産等に関するハラスメント、職場におけるパワーハラスメントとほとんど同じです。

イ　業務委託におけるセクシュアルハラスメント

セクハラ指針と同様、業務委託におけるセクシュアルハラスメントにも、対価型セクシュアルハラスメントと環境型セクシュアルハラスメントがあります。

対価型セクシュアルハラスメントとは「業務委託に関して行われる特定受託業務従事者の意に反する性的な言動に対する特定受託業務従事者の対応により、当該特定受託業務従事者が契約の解除、報酬の減額、取引数量の削減、取引の停止等の不利益を受けること」をいいます。典型的には、性的な関係を要求して拒否されたため契約を解除することや、性的な発言について抗議されたことを受けて報酬を減額することなどが該当するとされています（指針第4　2(3)）。

環境型セクシュアルハラスメントとは「業務委託に関して行われる特定受託業務従事者の意に反する性的な言動により特定受託業務従事者の就業環境が不快なものとなったため、能力の発揮に重大な悪影響が生じる等当該特定受託業務従事者が就業する上で看過できない程度の支障が生じること」をいいます。典型的には、腰や胸等に度々触り就業意欲を低下させることや、性的な内容の情報を意図的かつ継続的に流布して仕事が手につかなくさせることが該当するとされています（指針第4　2(4)）。

ウ　業務委託における妊娠、出産等に関するハラスメント

マタハラ指針と同様、業務委託における妊娠、出産等に関するハラスメントにも、状態への嫌がらせ型と配慮申出等への嫌がらせ型があります。

状態への嫌がらせ型とは「特定受託業務従事者が、①妊娠したこと、②出産したこと、③妊娠又は出産に起因する症状により業務委託に係る業務を行えないこと若しくは行えなかったこと又は当該業務の能率が低下したこと…に関する言動により就業環境が害されるもの」をい

います（指針第4　3（1）イ）。典型的には、妊娠したこと等のみを理由として嫌がらせをすることや、妊娠したこと等のみを理由として契約の解除その他の不利益な取扱いを示唆することが該当するとされています（指針第4　3（2））。

　配慮申出等への嫌がらせ型とは「特定受託業務従事者が、妊娠又は出産に関して法第13条第1項若しくは第2項の規定による配慮の申出…をしたこと又はこれらの規定による配慮を受けたこと…に関する言動により就業環境が害されるもの」をいいます（指針第4　3（1）ロ）。典型的には、配慮の申出を阻害することや、配慮を受けたことにより嫌がらせをすること、配慮の申出等のみを理由として契約の解除その他の不利益な取扱いを示唆することが該当するとされています（指針第4　3（3））。

　　エ　業務委託におけるパワーハラスメント

　業務委託におけるパワーハラスメントとは「業務委託に関して行われる①取引上の優越的な関係を背景とした言動であって、②業務委託に係る業務を遂行する上で必要かつ相当な範囲を超えたものにより、③特定受託業務従事者の就業環境が害されるものであり、①から③までの要素を全て満たすもの」をいいます（指針第4　4（1））。優越的関係、必要性・相当性、就業環境の侵害という三つの要素は、パワハラ指針で定められている職場におけるパワーハラスメントと同様です。

　また、パワハラ指針と同様、業務委託におけるパワーハラスメントにも、限定列挙ではないとの留保のもと、①身体的な攻撃、②精神的な攻撃、③人間関係からの切り離し、④過大な要求、⑤過小な要求、⑥個の侵害の6類型があるとされています（指針第4　4（5））。

　　オ　「業務委託における」とは

　フリーランス法に固有の「業務委託における」とは、特定受託業務従事者が当該業務委託に係る業務を遂行する場所又は場面を意味しま

す。当該特定受託業務従事者が通常業務を遂行している場所以外の場所であったとしても、当該特定受託業務従事者が業務を遂行している場所は含まれます（指針第4　1（4））。これも、セクハラ指針、マタハラ指針、パワハラ指針の各指針において、通常就業している場所以外の場所であっても業務を遂行する場所は「職場」に含まれるとされていることと同様です。

（3）　講じる措置の内容

フリーランス指針で定められている措置の内容も、セクハラ指針、マタハラ指針、パワハラ指針の各指針とほぼ共通しています。その内容は、おおむね次のとおりです（指針第4　5）。

①　特定業務委託事業者の方針等の明確化及びその周知・啓発

②　苦情を含む相談に応じ、適切に対応するために必要な体制の整備

③　業務委託におけるハラスメントに係る事後の迅速かつ適切な対応

④　①～③と併せて講ずべき措置

　㋐　相談者・行為者等のプライバシーを保護するために必要な措置

　㋑　業務委託におけるハラスメントの相談等を理由として、契約の解除その他不利益な取扱いをされない旨を定め、周知・啓発することについての措置

（4）　行うことが望ましい取組

フリーランス指針には、講ずべき措置のほか、行うことが望ましい取組も定められています。その内容は、次のとおりです。

①　業務委託に係る契約交渉中の者に対する言動に関する取組（指針第4　6）

②　他の事業者からのハラスメント（パワハラ、妊娠、出産等に関するハラスメントに限ります。）や顧客等からの著しい迷惑行為に関する取組（指針第4　7）

　①は、セクハラ指針、マタハラ指針、パワハラ指針が、就職活動中

第 1 章　法律等の解説　　93

の学生等の求職者に対する言動に関して行うことが望ましい取組を定
めていることに類似した仕組みです。②は、パワハラ指針が、他の事
業主の雇用する労働者等からのパワーハラスメントや顧客等からの著
しい迷惑行為に関して行うことが望ましい取組を定めていることに類
似した仕組みです。

3　実務対応

　措置をとるに当たっては、セクハラ指針、マタハラ指針、パワハラ
指針の各指針に基づいて既に採られている従業員向けの措置の対象
に、フリーランスを含める形で対応することが考えられます。

　相談を行ったことや、相談対応に協力した際に事実を述べたことを
理由として、フリーランスに対し、契約解除ほか不利益な取扱いをす
ることは禁止されています（法14②）。法違反を防ぐためにも、措置の
周知・啓発は、就業規則等の服務規律を定めた文書で、フリーランス
に外注したり、外注先のフリーランスと実際にやり取りを行う可能性
のある末端の従業員にまで行き届くよう、幅広く行っておくことが必
要です。

〔Q23〕 妊娠・出産・育児・介護配慮義務

Q 特定業務委託事業者が負う、特定受託事業者に対する妊娠・出産・育児・介護への配慮義務とは、どのような義務ですか。

A 特定業務委託事業者は、継続的業務委託の相手方である特定受託事業者からの申出に応じて、当該特定受託事業者が妊娠・出産・育児・介護（育児介護等）と両立しつつ業務に従事することができるよう、その育児介護等の状況に応じた必要な配慮をしなければなりません。なお、継続的業務委託ではない場合には、これらの配慮義務は努力義務に留まります。

解 説

1 配慮義務の概要

　特定業務委託事業者は、継続的業務委託の相手方である特定受託事業者からの申出に応じて、当該特定受託事業者（当該特定受託事業者が法人である場合には、その代表者）が妊娠、出産若しくは育児又は介護（以下「育児介護等」といいます。）と両立しつつ当該継続的業務委託に係る業務に従事することができるよう、その者の育児介護等の状況に応じた必要な配慮をしなければなりません（法13①）。特定受託事業者が、継続的業務委託ではない業務委託の相手方である場合には、同様の配慮をするよう努めるべき努力義務を負います（法13②）。

　なお、上記の義務は、いずれも特定受託事業者から申出があることを起点とするため、申出がなされない限りは、配慮義務は生じません。

第1章　法律等の解説　　　　95

2　配慮の内容について

　特定業務委託事業者は、継続的業務委託に係る特定受託事業者から申出があった場合には、以下の①～④のとおり、その申出の内容を把握する等の配慮を行わなければなりません（指針第3　2（1））。

①　配慮の申出の内容等の把握

　特定受託事業者から育児介護等に対する配慮の申出を受けた場合には、話合い等を通じ、当該者が求める配慮の具体的な内容及び育児介護等の状況を把握することが必要です。

②　配慮の内容又は取り得る選択肢の検討

　特定受託事業者の希望する配慮の内容、又は希望する配慮の内容を踏まえたその他の取り得る対応について行うことが可能か十分に検討することが必要です。

③　配慮の内容の伝達及び実施

　具体的な配慮の内容が確定した際には速やかに申出を行った特定受託事業者に対してその内容を伝え、実施することが必要です。

④　配慮の不実施の場合の伝達・理由の説明

　特定受託事業者の希望する配慮の内容やその他の取り得る対応を十分に検討した結果、業務の性質や実施体制等に照らして困難であること、当該配慮を行うことにより、業務のほとんどが行えない等、契約目的が達成できなくなること等、やむを得ず必要な配慮を行うことができない場合には、特定受託事業者に対して配慮を行うことができない旨を伝達し、その理由について、必要に応じ、書面の交付や電子メールの送付により行うことも含め、わかりやすく説明することが必要です。

　なお、育児介護等に対する配慮が円滑に行われるようにするためには、特定受託事業者が、速やかに配慮の申出を行い、具体的な調整を開始することができるようにすることが必要であり、そのためには、

特定受託事業者が申出をしやすい環境を整備しておくことが重要とされています。具体的には、①配慮の申出が可能であることや、配慮を申し出る際の窓口・担当者、配慮の申出を行う場合の手続等を周知すること、②育児介護等に否定的な言動が頻繁に行われるといった配慮の申出を行いにくい状況がある場合にはそれを解消するための取組を行うこと等の育児介護等への理解促進に努めることが望ましいとされています（指針第3　2(1)）。

3　実施する配慮について

実際に実施する配慮の具体例としては、以下のようなものが挙げられます（あくまでも例示です。）（指針第3　2(2)）。

① 妊婦健診がある日について、打合せの時間を調整してほしいとの申出に対し、調整した上で特定受託事業者が打合せに参加できるようにすること

② 妊娠に起因する症状により急に業務に対応できなくなる場合について相談したいとの申出に対し、そのような場合の対応についてあらかじめ取決めをしておくこと

③ 出産のため一時的に特定業務委託事業者の事業所から離れた地域に居住することとなったため、成果物の納入方法を対面での手渡しから宅配便での郵送に切り替えてほしいとの申出に対し、納入方法を変更すること

④ 子の急病等により作業時間を予定どおり確保することができなくなったことから、納期を短期間繰り下げることが可能かとの申出に対し、納期を変更すること

⑤ 特定受託事業者からの介護のために特定の曜日についてはオンラインで就業したいとの申出に対し、一部業務をオンラインに切り替えられるよう調整すること

第1章　法律等の解説　　　　97

　なお、配慮の内容には、特定受託事業者が元委託事業者（他の事業者から業務委託を受けた特定業務委託事業者が、当該業務委託に係る業務の全部又は一部について特定受託事業者に再委託をした場合における他の事業者をいいます。以下同じです。）の事業所において業務を行う場合には、特定受託事業者からの申出内容について当該元委託事業者に対して調整を依頼することを含みます。

4　申出の阻害や申出をしたこと等への不利益な取扱いが望ましくない取扱いであること

　特定業務委託事業者による以下の①及び②の行為は望ましくない取扱いであるとされており、留意が必要です（指針第3　3）。
①　特定受託事業者からの申出を阻害すること
②　特定受託事業者が申出をしたこと又は配慮を受けたことのみを理由に契約の解除その他の不利益な取扱いを行うこと

　また、不利益な取扱いに該当するか否かについては、申出をしたこと又は配慮を受けたこととの間に因果関係がある行為であることを要し、不利益な取扱いに該当すると認められる事例及び該当しないと認められる事例は以下のとおりとされています（限定列挙ではありません。）。

【不利益な取扱いに該当すると認められる例】
・介護のため特定の曜日や時間の業務を行うことが難しくなったため、配慮の申出をした特定受託事業者について、別の曜日や時間は引き続き業務を行うことが可能であり、契約目的も達成できることが見込まれる中、配慮申出をしたことを理由として、契約の解除を行うこと。
・特定受託事業者が出産に関する配慮を受けたことを理由として、現に役務を提供しなかった業務量に相当する分を超えて報酬を減額すること。

第1章　法律等の解説

・特定受託事業者が育児や介護に関する配慮を受けたことにより、特定業務委託事業者の労働者が繰り返し又は継続的に嫌がらせ的な言動を行い、当該特定受託事業者の能力発揮や業務の継続に悪影響を生じさせること。

【不利益な取扱いに該当しないと認められる例】

・妊娠による体調の変化によりイベントへの出演ができなくなった特定受託事業者から、イベントの出演日を変更してほしいとの申出があったが、イベントの日程変更は困難であり、当初の契約目的が達成できないことが確実になったため、その旨を特定受託事業者と話合いの上、契約の解除を行うこと。

・育児のためこれまでよりも短い時間で業務を行うこととなった特定受託事業者について、就業時間の短縮により減少した業務量に相当する報酬を減額すること。

・配慮の申出を受けて話合いをした結果、特定受託事業者が従来の数量の納品ができないことがわかったため、その分の取引の数量を削減すること。

　なお、報酬の支払期日までに報酬を支払わなかった場合や、特定受託事業者の責めに帰すべき事由がないのに報酬の額を減ずること等があった場合には、上記②の不利益な取扱いに該当する場合があるほか、別途、フリーランス法4条（報酬の支払期日等）又は5条（特定業務委託事業者の遵守事項）の規定に違反し得る場合もあることに留意が必要です。

第1章　法律等の解説　　99

〔Q24〕　継続的業務委託の意義

Q　「継続的業務委託」をする特定業務委託事業者について妊娠・出産・育児・介護に対する配慮義務が定められているようですが、「継続的業務委託」とは何ですか。

A　妊娠・出産・育児・介護に対する配慮義務（法13①）が適用される「継続的業務委託」とは、特定業務委託事業者が特定受託事業者に対して行う業務委託のうち、6か月以上の期間にわたる業務委託（当該業務委託に係る契約の更新により6か月以上継続して行うこととなるものを含みます。）をいいます。

解　説

1　「継続的業務委託」に該当する業務委託の期間

　フリーランス法13条1項は、特定業務委託事業者が、業務委託のうち「政令で定める期間以上の期間行うもの（当該業務委託に係る契約の更新により当該政令で定める期間以上継続して行うこととなるものを含む。）」（継続的業務委託）を特定受託事業者に対して行った場合には、特定受託事業者からの申出に応じて、特定受託事業者が妊娠、出産若しくは育児又は介護（以下「育児介護等」といいます。）と両立しつつ当該継続的業務委託に係る業務に従事することができるよう特定受託事業者の育児介護等の状況に応じた必要な配慮をする義務を特定業務委託事業者に課しています（〔Q23〕も参照）。

　この「政令で定める期間」は6か月と定められたため（令3）、フリーランス法13条1項が適用される継続的業務委託とは、特定業務委託事業者が特定受託事業者に対して行う業務委託のうち、6か月以上の

期間にわたる業務委託又は当該業務委託に係る契約の更新により6か月以上の期間継続して行うこととなる業務委託をいいます。なお、フリーランス法16条に定める解除予告義務が適用される業務委託も、6か月以上の継続的業務委託に該当するものになります（〔Q25〕も参照）。

　フリーランス法13条1項及び16条が適用される継続的業務委託が、フリーランス法5条に定める禁止行為の規制が適用される業務委託の期間である1か月（令1）（〔Q13〕も参照）よりも長い期間とされた理由は、当事者間に一定期間以上の取引関係があることにより育児介護等と両立した働き方を両当事者間で調整できる関係性が生まれると考えられることにあると説明されています（立法時の衆議院内閣委員会及び参議院内閣委員会における答弁より）。なお、立法時は、契約期間が1年以上の場合には仕事の掛持ち数が減ることにより特定の発注事業者への依存度合いが高まる傾向があるとの実態調査結果も踏まえ、フリーランス法13条1項及び16条の継続的業務委託の期間を1年以上とすることを一つの参考として検討するとされていましたが、その後、厚生労働省が設置した検討会において、継続的業務委託はフリーランス法13条1項のみならずフリーランス法16条の解除予告義務が適用される基準となること、家内労働法等における6か月を超える継続的委託の打切り予告の定め、育児介護休業法における産後パパ育休や介護休業を取得できる有期雇用労働者の範囲等を踏まえて議論した結果、6か月と定められることになりました（特定受託事業者の就業環境の整備に関する検討会第7回議事録3頁）。

2　業務委託の期間の判断基準

　フリーランス法13条1項及び16条が適用される継続的業務委託の期間とフリーランス法5条が適用される業務委託の期間の長さは異なり

第1章　法律等の解説

ますが、業務委託の期間を判断する際の考え方は同じです（解釈ガイドライン第3部2・第2部第2　2（1））。

　まず留意する必要があるのは、継続的業務委託には、特定業務委託事業者が特定受託事業者に対して業務委託を行ってから6か月以上の期間が経過した業務委託のみならず、6か月以上の期間行うことを予定している業務委託や、契約の更新により通算して6か月以上の期間継続して行うこととなる予定の業務委託も該当することです。そのため、これらの継続的業務委託に該当する業務委託を行う場合には、業務委託の当初からフリーランス法13条1項及び16条が適用されることになります。その他、基本契約がある場合の考え方、期間の始期・終期の判断基準、業務委託を契約の更新により継続して行うこととなる場合の考え方等については〔Q13〕を参照してください。

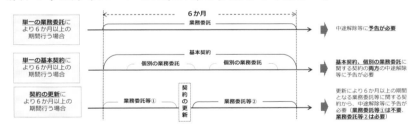

（出典：内閣官房新しい資本主義実現本部事務局、公正取引委員会、中小企業庁、厚生労働省「特定受託事業者に係る取引の適正化等に関する法律（フリーランス・事業者間取引適正化等法）【令和6年11月1日施行】説明資料」（令和6年6月版）16頁）

第8　契約の解消

〔Q25〕　契約解消の事前予告義務

 継続的業務委託契約の解消の事前予告義務について教えてください。

特定業務委託事業者は、継続的業務委託に係る契約の中途解約又は不更新の際には、原則として、当該契約の相手方である特定受託事業者に対し、書面、ファックス又は電子メール等により、少なくとも30日前にその予告をしなければなりません。

解　説

1　契約解消の事前予告義務の内容

特定業務委託事業者は、継続的業務委託に係る契約の解除をしようとする場合又は契約期間の満了後に更新しない場合には、当該契約の相手方である特定受託事業者に対し、原則として少なくとも30日前にその予告をしなければなりません（法16①）。

フリーランス法に基づく契約解消の予告義務の主体はあくまで特定受託業務委託（発注者）側のみであって、特定受託事業者（フリーランス）側はこの義務を負いません（解釈ガイドライン第3部4(2)）。

2　事前予告義務の対象となる契約

事前予告義務の対象となる契約は「継続的業務委託」に係る契約です。「継続的業務委託」の意義はフリーランス法13条の妊娠、出産、育児・介護に対する配慮義務の対象となる「継続的業務委託」と同じ6

第1章 法律等の解説 103

か月以上の期間行う業務委託又は契約の更新により6か月以上の期間継続して行うこととなる業務委託です。詳細は、〔Q24〕をご参照ください。

3 予告が必要な「解除」と「不更新」

（1） 解 除

事前予告が必要となる「解除」は、特定業務委託事業者からの一方的な意思表示に基づく契約の解除をいいます。特定業務委託事業者及び特定受託事業者との間の合意による解約の場合であっても、契約の解除に関する合意に係る特定受託事業者の意思表示が自由な意思に基づくものでなければ、なおもフリーランス法16条1項の「解除」に該当する可能性があります（解釈ガイドライン第3部4（2））。

（2） 不更新

フリーランス法16条1項にいう「契約期間の満了後に更新しない」（以下「不更新」といいます。）とは、継続的業務委託に係る契約が満了する日から起算して1か月以内に次の契約を締結しないことをいいます。行政解釈では、該当すると考えられる例・考えられない例として以下のものが挙げられています（解釈ガイドライン第3部4（2））。

【不更新をしようとする場合に該当すると考えられる例】

① 切れ目なく契約の更新がなされている又はなされることが想定される場合であって、当該契約を更新しない場合

② 断続的な業務委託であって、特定業務委託事業者が特定受託事業者との取引を停止するなど次の契約申込みを行わない場合

【不更新をしようとする場合に該当しないと考えられる例】

① 業務委託の性質上一回限りであることが明らかである場合

② 断続的な業務委託であって、特定業務委託事業者が次の契約申込みを行うことができるかが明らかでない場合

4　事前予告の方法

　特定業務委託事業者は、フリーランス法16条1項の規定による事前予告については、以下のいずれかで行わなければならないとされています（規則（厚労省関係）3①）。

①　書面を交付する方法

②　ファクシミリを利用してする送信の方法

③　電子メール等の送信の方法（特定受託事業者が当該電子メール等の記録を出力することにより書面を作成することができるものに限ります。）

5　即時解除が可能なケース

　契約上あらかじめ一定の事由がある場合に即時解除ができる条項を定めていた場合であっても、直ちにフリーランス法16条の事前予告が不要となるものではなく、特定業務委託事業者からの一方的な意思表示に基づきあらかじめ定めた事由に該当するとして契約を解除する場合は、原則として「契約の解除」に該当します。そして、フリーランス法16条1項の予告義務が適用されず、即時解除が可能となるのは以下に掲げる場合に限られます（解釈ガイドライン第3部4(2)・(4)）。

　各事由と留意点について、簡単に説明します。

①　災害その他やむを得ない事由により予告をすることが困難な場合（法16①ただし書、規則（厚労省関係）4一）

　　「やむを得ない事由」とは、天災事変に準ずる程度に不可抗力に基づき、かつ、突発的な事由をいい、事業者として社会通念上採るべき必要な措置をもってしても通常対応をすることが難しい状況になったために特定受託事業者に対して予告することが困難である場合をいうとされています（解釈ガイドライン第3部4(4)ア）。

第1章　法律等の解説　　105

② 他の事業者から委託を受けた業務（「元委託業務」）の全部又は一部を特定受託事業者に再委託をした場合であって、当該元委託業務の契約の全部又は一部が解除され、当該特定業務受託者に再委託をした業務（「再委託業務」）の大部分が不要となった場合その他の直ちに当該再委託業務の契約の解除又は不更新が必要であると認められる場合（規則（厚労省関係）4二）

　元委託業務に係る契約の全部又は一部が解除され、不要となった再委託業務が一部であったとしても重要な部分であり、大部分が不要になった場合と同視できる程度に直ちに当該再委託業務に係る契約の解除をすることが必要であると認められる場合も該当します（解釈ガイドライン第3部4（4）イ）。

③ 特定業務委託事業者が特定受託事業者と業務委託に係る給付に関するいわゆる基本契約を締結し、基本契約に基づいて業務委託を行う場合又は契約の更新により継続して業務委託を行う場合であって、契約期間が30日以下である業務委託契約（基本契約に基づいて業務委託契約を行う場合にあっては、当該基本契約に基づくものに限ります。）の解除をしようとする場合（規則（厚労省関係）4三、解釈ガイドライン第3部4（4）ウ）

　契約期間の始期や終期についての考え方は、フリーランス法5条1項各号で定める禁止行為の対象となる業務委託と同じです。詳しくは〔Q13〕、〔Q24〕を参照してください。

④ 特定受託事業者の責めに帰すべき事由により直ちに契約の解除をすることが必要であると認められる場合（規則（厚労省関係）4四、解釈ガイドライン第3部4（4）エ）

　行政解釈によれば、「特定受託事業者の責めに帰すべき事由」とは、特定受託事業者の故意、過失又はこれと同視すべき事由であるが、判定に当たっては業務委託に係る契約の内容等を考慮の上、総合的

に判断すべきであり、「特定受託事業者の責めに帰すべき事由」がフリーランス法16条の保護を与える必要のない程度に重大又は悪質なものであり、特定業務委託事業者に30日前の解除予告をさせることが当該事由と比較して均衡を失するようなものに限るとされています（解釈ガイドライン第3部4（4）エ）。特に行政解釈では以下のような例が挙げられており、単に債務不履行があったというだけでは、即時解除が許される「特定受託事業者の責めに帰すべき事由」には該当しないと解されています。

・特定受託事業者が、業務委託に係る契約に定められた給付及び役務を合理的な理由なく全く又はほとんど提供しない場合
・特定受託事業者が、契約に定める業務内容から著しく逸脱した悪質な行為を故意に行い、当該行為の改善を求めても全く改善が見られない場合

⑤ 基本契約を締結しているものの、特定受託事業者の事情により、相当な期間、当該基本契約に基づく業務委託をしていない場合（規則（厚労省関係）4五、解釈ガイドライン第3部4（4）オ）

行政解釈によれば、「相当な期間」については、特定受託事業者の事情により個別に判断されるべきものであるが、継続的業務委託の期間が6か月以上であることを踏まえ、おおむね6か月以上と解されるとされています。

第1章　法律等の解説　　107

〔Q26〕　予告義務違反の解除の効力

Q 30日未満の予告期間を定める契約の定めは有効です
か。即時解除が認められる場合でもないのに、予告義務
に反して即時解除又は1か月未満の予告期間をおいて解除した
場合、解除が無効となったり、業務委託契約が最低1か月は継続
したりするなどの効力はありますか。

A 30日未満の予告期間を定める契約の私法的効力又は予
告義務違反に反する解除について、下請法違反の合意の
効力について判断された過去の裁判例からすると有効・無効の両
論があり得るところです。また、仮に即時解除又は予告期間が足
りない解除が無効とされた場合、解雇予告についての最高裁判例
と同様に考えれば、予告後30日間は契約が継続するという帰結と
なる可能性も考えられます。

解　説

1　30日未満の予告期間を定める契約の私法的効力

（1）　民事上の効果を生じさせる規定の不存在

〔Q25〕で述べたとおり、仮に契約上あらかじめ一定の事由がある場
合に事前予告なく即時解除ができる条項を定めていた場合であって
も、フリーランス法16条1項ただし書の例外事由に該当しなければ、
フリーランス法16条1項の事前予告義務は免れないとされています。
即時解除ではなく30日未満の予告期間を契約で定めたとしても、同様
の帰結となると考えられ、同法に基づく行政上の措置の対象になりま
す。

しかし、フリーランス法16条1項違反を含め、フリーランス法は、

法違反があった場合の私法的効力について、何ら規定を設けていません。規定を設けなかったのは、「業種・職種が多岐にわたるフリーランスについて、業種横断的に共通する必要最低限の規律を設け、その取引の適正化を進め、就業環境を整備するものです。よって、取引無効等、民事上の効果を生じさせるような規定は設けないことが適当と考えております」と説明されています（内閣官房新しい資本主義実現本部事務局「『フリーランスに係る取引適正化のための法制度の方向性』に関する意見募集に寄せられた御意見について」17頁）。

　よって、予告義務違反を定める契約の私法的効力をどのように理解するのかは、解釈に委ねられています。

（２）　有効説

　フリーランス法が私法的効力に関する規定を敢えて置かなかったことや、下請法に違反する合意の効力については、同法上の禁止行為の趣旨に照らして不当性の強いときは公序良俗に違反して無効となり得るが、そうでないときは下請代金の減額や買いたたきの禁止に抵触するというだけで無効となることはないと判示した裁判例（東京地判昭63・7・6判時1309・109等）や、下請法の一般法である独占禁止法違反の私法上の効力についても、公序良俗に反する格別の場合を除き直ちに無効であると解すべきではないと判示した最高裁判例（最判昭52・6・20判時856・3等）があることを考えると、フリーランス法は、同法に違反する合意の私法的効力に干渉するものではなく、予告義務違反を定める契約も、公序良俗違反となる場合を除き私法上は有効だと理解することができます。

（３）　無効説

　下請法違反や独占禁止法違反に関する上述の裁判例・判例も不当性が強い場合に公序良俗に反して無効となる余地は認めています。

　フリーランス法が業種横断的に共通する「必要最低限の規律」であることを強調すれば、予告義務違反を定める契約は、最低限の規律に

すら反する不当性の強い合意であるとして、原則として無効になるという考え方も成り立つ余地があるように思われます。

2　予告義務に違反した解除の効力
　フリーランス法16条1項の私法的効力を否定する見解（上記1（2）の有効説）に立てば、約定で定められた予告期間を置いて解除する限り、契約解除の私法的効力も肯定されることになります。

　他方、フリーランス法16条1項の私法的効力を肯定する見解（上記1（3）の無効説）に立つ場合、予告義務に違反した解除の私法的効力をどのように理解するのかが問題になります。

　考え方としては、①解除自体を無効とする見解、②30日の経過をもって解除の効力を認める見解の二つがあります。

　労働者との関係ではありますが、解雇予告手当を支払わないまま、労働基準法20条所定の予告期間を置かずにした解雇の効力が問題となった事案で、使用者が即時解雇に固執する趣旨でない限り、30日の期間が経過するか、解雇通知の後に予告手当の支払をしたときに、解雇の効力が生じると判示した最高裁判例があります（細谷服装事件＝最判昭35・3・11民集14・3・403）。

　フリーランスよりも法的保護が手厚い労働者との関係でも、予告義務に違反する解除の効力が必ずしも無効と理解されていないことを考えると、仮にフリーランス法16条1項の私法的効力を肯定する見解（上記1（3）の無効説）に立つとしても、基本的には上記最高裁判例と同様に、委託者の側で即時解除に固執する趣旨でない限り、30日の経過をもって契約解除の効力が生じると帰結されるように思われます（なお、業務委託の場合、雇用契約と異なり、30日分の報酬という概念が必ずしも観念し得ないため、予告手当の支払があれば契約解除が有効となるという帰結にはなり難いように思われます。）。

〔Q27〕 契約解消の理由開示義務

Q 事業者が継続的業務委託を解除した場合や契約期間満了後に更新しなかった場合における理由開示義務について教えてください。

A 特定受託事業者が、フリーランス法16条1項の予告がされた日から同項の契約が満了する日までの間において、契約の解除・不更新の理由の開示を特定業務委託事業者に請求した場合は、特定業務委託事業者は、書面、ファックス又は電子メール等により、遅滞なくその理由を開示しなければなりません。ただし、第三者の利益を害するおそれがある場合や他の法令に違反する場合には、この限りではありません。

解　説

1　理由開示請求の時期

　特定受託事業者が、特定業務委託事業者に契約の解除・不更新の理由の開示を請求できるのはフリーランス法16条1項の予告がされた日から当該契約が満了するまでの間となります（法16②）。

2　理由開示の方法

　理由開示の方法は、以下の三つが定められています（規則（厚労省関係）5①）。

① 書面を交付する方法

② ファクシミリを利用してする送信の方法

③ 電子メール等の送信の方法

第1章　法律等の解説　　111

3　理由開示の内容の程度

　フリーランス法16条2項に基づく理由開示の程度について、法令やガイドラインに特段の定めはありません。どの程度理由を具体的に記載しなければならないのかは、解釈に委ねられています。

　理由開示の必要性は、解除予告を受けた特定受託事業者として、

①　契約の存続に向けた交渉、別の取引に向けた自らの事業の見直しに取り組む必要のある場合があること（「第5回特定受託事業者の就業環境の整備に関する検討会」議事録7頁）

②　特定業務委託事業者とのトラブルを回避する必要があること

にあるとされています。

　開示される理由は、上記の趣旨を実現できる程度に具体的である必要があります。フリーランス法16条2項に基づいて開示される理由は、解雇理由証明書（労基22①）のように地位確認等請求訴訟で利用されることまで想定されているわけではなく、客観的に合理的であることが求められる（労契16）ものでもありませんが、具体的な記載例等が行政から公開される等して運用が安定するまでの間は、解雇理由証明書の書き方を参考にすることも一案と考えられます。

4　理由開示が不要な場合

　第三者の利益を害するおそれがある場合その他厚生労働省令で定める場合は、理由開示義務の対象から除外されています（法16②）。

　厚生労働省令では、以下の二つが定められています（規則（厚労省関係）6）。

①　第三者の利益を害するおそれがある場合

②　他の法令に違反することとなる場合

　①は、契約の解除の理由を開示することにより、特定業務委託事業者及び特定受託事業者以外の者の利益を害するおそれがある場合をい

います（解釈ガイドライン第3部4（6）ア）。

　②は、契約の解除の理由を開示することにより、法律上の守秘義務に違反する場合などをいいます。

　また、フリーランス法16条2項の理由開示は、予告された日から契約が満了する日までの間に請求することとなっているため、事前予告の例外事由に該当する場合（フリーランス法16条1項ただし書に該当する場合）は対象になりません。ただし、特定業務委託事業者が同項に基づく予告義務があるにもかかわらず、これに違反している場合には特定受託事業者は契約の解除の理由の開示を請求することができると理解されています（解釈ガイドライン第3部4（6））。

第1章　法律等の解説　　113

〔Q28〕　フリーランスの中途解約・不更新を制限する契約の効力

Q　期間の定めのある業務委託契約において、契約上、フリーランスから中途解約する場合又は契約更新を行わないことにする場合には3か月前までに通知しなければならないと定められています。このような条項がある場合、これは有効と考えてよいでしょうか。

A　原則として有効であると考えられますが、当該事案の事情によっては公序良俗違反により無効となる可能性もあります。

解　説

1　中途解約・不更新を制限する条項の有効性について

　民法の原則的な考え方（私的自治の原則）からすれば、契約当事者間の合意によって一定の契約期間を定めるとともに、当事者の一方が中途解約する場合又は契約更新を行わないことにする場合に一定の予告期間を置くことも、基本的に自由であり、本件のような条項も原則として有効であると考えられます。

　他方で、民法上、請負契約については、請負人からの解除が認められるのは、注文者に契約違反がある場合（支払期日を過ぎても報酬を支払わない等）や、注文者が破産した場合（民641①）に限られます。他方、委任契約又は準委任契約については、各当事者がいつでも契約を解除できるとされ（民651①・656）（無理由解除権）、ただし、「相手方に不利な時期に委任を解除したとき」は相手方の損害を賠償しなければ

ならず（民651②一）、さらに、「やむを得ない事由があったとき」（民651
②ただし書）は損害賠償義務を免除される旨が規定されています。

　本件のような条項があっても、それが無理由解除権を放棄する趣旨
とは解されない場合、各当事者はいつでも契約を解除することができ
ます。その上で「相手方に不利な時期に委任を解除したとき」（民651②
一）又は「やむを得ない事由があったとき」（民651②ただし書）の該当性
により相手方に対する損害賠償義務の有無が定まることになります。

　無理由解除権を放棄する趣旨とは解されない場合でも、当該条項の
存在は、「相手方に不利な時期に委任を解除したとき」（民651②一）の要
件該当性を判断する上で、特定業務委託事業者側に有利に働く一つの
要素にはなり得ると考えられます。特に、特定受託事業者が即時解除
や数日程度のわずかな予告期間のみを置いて解除をした場合には、特
定業務委託事業者により有利に働き得ると考えられます。

　また、特定受託事業者が受託した業務の内容が当該特定受託事業者
の個性に強く依存する性質のものであり、代替性に乏しいような場合
には、「相手方に不利な時期に委任を解除したとき」（民651②一）に該当
する可能性がより高まると考えられます。しかし、そのような事情が
なく、受託者の個性に依存しない一般的な業務である場合には、特定
業務委託事業者にとって代わりの受託者を見つけて契約することは容
易であるため、特定受託事業者側から所定の予告期間を置かずに中途
解約したとしても、「相手方に不利な時期に委任を解除したとき」（民
651②一）に該当する可能性は低くなると考えられます。

2　公序良俗違反の可能性

　無理由解除権の放棄と解されない場合、本件のような条項の効力は、
上述したとおり、「不利な時期」（民651②一）か否か、「やむを得ない事
由」（民651②ただし書）が認められるか否かを判断する中で考慮される

第1章　法律等の解説　　115

ことになります。

　これに対し、無理由解除権を放棄した趣旨と読める場合は、当該条項の効力を公序良俗違反（民90）として争えないかが問題になります。この問題を明示的に取り扱った裁判例は見当たりませんが、特定受託事業者にのみ片面的に長期間の予告義務が課されている場合や、特定受託事業者にとって取引先を選ぶ権利が不当に制約されているといえるような場合には、営業の自由（憲22①）に対する過度の制約という観点から、公序良俗違反により無効となる可能性もあると思われます。

　設問のケースとは異なりますが、一つの参考となり得る裁判例として、浦和地裁平成6年4月28日判決（判夕875・137）があります。これは、クリーニング店のフランチャイズ契約においてフランチャイジー側から契約期間満了を理由とする契約解除（つまり契約の不更新）を申し入れた事案で、解約一時金（事実上の違約金）を定めた条項の有効性との関係で、「営業の自由や経済活動の自由（一定の継続的取引関係からの離脱も含む。）はもっとも重要な基本的人権の一つと考えられるから、これに対する制限は社会的良識や正常な商慣習に照らし合理的に必要な範囲に留められるべきで、この限度を超えた場合には、その全部または一部は公序良俗に反するものとして無効とされることもあり得るといわなければならない。」と判示されました。この規範は解約一時金の定めに限ったものではなく、本件のような条項を含め、営業の自由や経済活動の自由に対する制限一般に妥当するはずです。

3　フリーランス法との関係

　フリーランス法5条では特定業務委託事業者の禁止行為が具体的に定められていますが（受領拒否の禁止、報酬の減額の禁止など）、特定受託事業者による中途解約・不更新を特定業務委託事業者が制限することを禁止する規定は設けられていません。

116　　第1章　法律等の解説

〔Q29〕　フリーランスの中途解約・不更新に伴う違約金条項の効力

Q　　期間の定めのある業務委託契約において、契約上、フリーランス側から中途解約する場合、又は契約を更新しないことにする場合には違約金を支払わなければならないと定められています。このような条項は有効と考えてよいでしょうか。

A　　原則として有効であると考えられますが、違約金の金額が著しく高額であるケースなどでは、公序良俗違反により無効となる可能性もあります。

解　説

1　民法上の私的自治の原則

　当該フリーランスが労働基準法上の労働者であると認められる場合には、当該契約の終了に際して違約金を支払わせることは労働基準法16条（賠償予定の禁止）で禁止されているため、このような違約金の定めは違法となります。

　しかし、当該フリーランスが労働基準法上の労働者とは認められない場合、民法の原則的な考え方からすれば、契約当事者間の合意によってこうした違約金の定めを設けること自体は基本的に自由であり（私的自治）、このような違約金の定めも原則として有効となります。

2　公序良俗違反となる可能性

　例えば、当該契約の内容としてフリーランスの業務量が非常に多く、

第1章　法律等の解説　　117

同時に他の仕事をすることが事実上困難であり、実質的に専属契約に近いような場合で、かつ違約金の金額が当該フリーランスの報酬額に比して著しく高額であるような場合には、当該フリーランスにとってその違約金が原因となって別の事業者とより良い条件で取引する機会が失われることになり、営業の自由（憲22①）が制約されることになります。こうした観点から、上記のような著しく高額な違約金の定めは、フリーランスの営業の自由を不当に制約するものであり、また、契約当事者の一方のみに著しい不利益を科す不合理なもの（あるいは暴利行為）であるとして、公序良俗違反（民90）により無効となる可能性があると考えられます。

　フリーランスの事案ではありませんが、参考となる裁判例として、浦和地裁平成6年4月28日判決（判タ875・137）は、クリーニング店のフランチャイズ契約においてフランチャイジー側から契約期間満了を理由とする契約解除（つまり契約の不更新）を申し入れた事案で、解約一時金（事実上の違約金）を定めた条項の有効性につき、「営業の自由や経済活動の自由（一定の継続的取引関係からの離脱も含む。）はもっとも重要な基本的人権の一つと考えられるから、これに対する制限は社会的良識や正常な商慣習に照らし合理的に必要な範囲に留められるべきで、この限度を超えた場合には、その全部または一部は公序良俗に反するものとして無効とされることもあり得るといわなければならない。そしてフランチャイズ基本契約などの継続的契約の解約一時金などの条項の公序良俗違反を判断するに当たっては、当該条項の趣旨、目的、内容、それが当事者双方に与える利益不利益、それが締結されるに至った経緯、契約両当事者の経済的力関係等のほか、契約の当該条項は契約の一方当事者が自己の取引上の優越的地位を利用して、正常な商慣習に照らして不当に相手方に不利益となる取引条件を設定したものとみられるものでないかどうか（私的独占の禁止及び公正取引の

確保に関する法律２条９項等参照。）など、証拠にあらわれた諸般の事情を総合的に考慮してその有効無効の範囲、程度などを決するべきである。」とした上で、「原告と被告との間において会員契約13条の解約一時金の定めがあることを理由に原告に500万円の支払を強制することは著しく正義に反する結果となるといわなければならず、結局、原告と被告との間における右解約一時金の定めは原告の解約の自由や経済的活動の自由を不当に制限するもので公序良俗に反し無効であると解するのが相当である。」と判断しています。

上記裁判例では、解約一時金（事実上の違約金）を定めた条項の公序良俗違反の判断に当たり「契約両当事者の経済的力関係」や「取引上の優越的地位」の利用などが考慮要素とされており、こうした点はフリーランス取引の事案でも共通するものと考えられます。

３　フリーランス法５条１項との関係

フリーランス法５条１項は、特定業務委託事業者の禁止行為の一つとして、「特定受託事業者の責めに帰すべき事由がないのに、報酬の額を減ずること」（法５①二）を定めています。

同条１項２号で禁止されている報酬の減額については、減額の名目、方法、金額の多寡を問わず業務委託後いつの時点で減じてもフリーランス法違反となる、とされています（解釈ガイドライン第２部第２　２（２）イ）。

例えば、特定業務委託事業者が特定受託事業者に対して違約金の発生を理由に本来の報酬額から違約金相当額を控除した金額しか支払わないというケースで、違約金の定め自体が公序良俗違反により無効と判断されるほど高額であり、かつ、実質的な専属契約に当たるような場合には、報酬減額の禁止に該当しフリーランス法違反となることも考えられます。

第1章　法律等の解説　　119

第9　違反行為の申告、制裁

〔Q30〕　違反行為の申告と不利益取扱いの禁止

Q フリーランスは、取引の相手方である**業務委託事業者**がフリーランス法に違反した場合、行政機関に対してどのようなことができますか。

A 特定受託事業者は、取引の相手方である業務委託事業者がフリーランス法に違反した場合、行政機関に対して、その違反行為を申告することができます。当該申告は、行政機関による調査や、指導・助言、勧告、命令、公表等の措置を促すという重要な意味を持ちます。また、業務委託事業者は、特定受託事業者が行政機関に違反行為の申告をしたとしても、それを理由として不利益な取扱いをすることは禁止されています。

解　説

1　特定受託事業者による違反行為の申告

特定受託事業者は、業務委託事業者又は特定業務委託事業者が、書面又は電磁的方法による取引条件の明示義務（法3）、報酬の支払期日の設定及び期日までの支払義務（法4）、受領拒否・減額・返品・不当なやり直し等の禁止事項（法5）に関する規制に違反する事実がある場合には、公正取引委員会又は中小企業庁長官に対し、その旨を申告し、適当な措置をとるべきことを求めることができます（法6①）。

また、特定受託事業者は、特定業務委託事業者が、募集情報の的確表示義務（法12）、妊娠・出産・育児・介護に対する配慮義務（法13）、

ハラスメント対策に係る体制整備義務（法14）、契約の中途解除・不更新の事前予告義務（法16）に関する規制に違反する事実がある場合には、厚生労働大臣に対し、その旨を申告し、適当な措置をとるべきことを求めることができます（法17①）。

このように、特定受託事業者は、取引の相手方である業務委託事業者がフリーランス法に違反した場合、行政機関に対して、その違反行為を申告することができます。

そして、特定受託事業者から違反行為の申告を受けた行政機関は、必要な調査を行い、その申告の内容が事実であると認めるときは、フリーランス法に基づく適当な措置をとらなければならないと定められています（法6②・17②）。したがって、特定受託事業者による違反行為の申告は、行政機関による調査や、指導・助言、勧告、命令、公表等の措置を促すという重要な意味を持ちます。

2　違反行為の申告を理由とする不利益取扱いの禁止

業務委託事業者が、特定受託事業者に対し、上述の違反行為の申告をしたことを理由として、取引の数量の削減、取引の停止その他の不利益な取扱いをすることは禁止されています（法6③・17③）。

そのため、業務委託事業者は、特定受託事業者が行政機関に違反行為の申告をしたとしても、それを理由として不利益な取扱いをしてはならず、誠実に対応する必要があります。

〔Q31〕 行政当局の指導、勧告等及び刑事罰

 業務委託事業者の違反行為に対して、フリーランス法ではどのような制裁が規定されていますか。

A フリーランス法は、違反行為への措置として、行政指導、報告要請等に加え、勧告及びこれに従わない場合の命令・公表を規定しています。命令・報告要請等に応じない場合には50万円以下の罰金に処することができます。

解 説

1 総 論

フリーランス法は、第2章「特定受託事業者に係る取引の適正化」と第3章「特定受託業務従事者の就業環境の整備」に二分できるところ、前者については公正取引委員会と中小企業庁長官が、後者については厚生労働大臣が、違反行為への対応等を行うという建付けとなっています。そのため、以下では各章の違反行為を分けて解説します。

2 取引の適正化に関する規定（第2章）に違反する場合

公正取引委員会は、第2章の規定への違反が疑われる場合、必要な限度において、特定業務委託事業者等（業務委託事業者、特定受託事業者その他の関係者を含みます。）に対し、報告要請・立入検査を行うことができます（法11②）。また、公正取引委員会は、違反が認められる場合、特定業務委託事業者又は業務委託事業者に対し、必要な措置をとるべきことを勧告することができます（法8）。さらに、公正取引委員会は、勧告を受けた者が正当な理由なく勧告に従わない場合には、

当該勧告に係る措置をとるべきことを命ずることができ（法9①）、また、その命令を公表することができます（法9②）。

中小企業庁長官は、第2章の規定への違反が疑われる場合、必要な限度において、特定業務委託事業者等に対し、報告要請・立入検査を行うことができます（法11①）。また、中小企業庁長官は、違反が認められる場合、公正取引委員会に対し、適当な措置をとるべきことを求めることができます（法7①②）。これを受けた公正取引委員会は、必要に応じて勧告等をすることができます（法8・9）。

報告要請・立入検査を妨害等し、又は公正取引委員会による命令に違反した場合には、50万円以下の罰金に処されることが定められています（法24一・二）。また、いわゆる両罰規定も定められています（法25）。

以上のほか、公正取引委員会及び中小企業庁長官は、必要があると認めるときは、業務委託事業者に対し、指導及び助言をすることができます（法22）。

第2章の規定は、下請法の規定を参照したものと考えられますが、下請法8条が、公正取引委員会による下請法上の勧告に対して親事業者がこれに従った場合には、独占禁止法20条（排除措置命令）及び20条の6（課徴金納付命令）の規定を適用しない旨定めているのに対し、フリーランス法にはそのような定めはありません。もっとも、公正取引委員会が公表している「特定受託事業者に係る取引の適正化等に関する法律と独占禁止法及び下請法との適用関係等の考え方」によれば、フリーランス法と独占禁止法のいずれにも違反する行為については、原則としてフリーランス法を優先して適用し、フリーランス法8条に基づく勧告の対象となった行為と同一の行為について、重ねて独占禁止法20条の規定（排除措置命令）及び20条の6の規定（課徴金納付命令）を適用することはない、とされています（特定受託事業者に係る取引の適正化等に関する法律と独占禁止法及び下請法との適用関係等の考え方2）。

第1章　法律等の解説　　123

また、同「考え方」は、フリーランス法と下請法のいずれにも違反する行為については、原則としてフリーランス法を優先して適用し、フリーランス法8条に基づく勧告の対象となった行為について、重ねて下請法7条に基づく勧告をすることはない（ただし、フリーランス法と下請法のいずれにも違反する行為を行っている事業者が下請法のみに違反する行為も行っている場合において、当該事業者のこれらの行為全体について下請法を適用することが適当であると考えるときには、フリーランス法と下請法のいずれにも違反する行為についても下請法7条に基づき勧告することがある）、と述べています（特定受託事業者に係る取引の適正化等に関する法律と独占禁止法及び下請法との適用関係等の考え方3）。

3　就業環境の整備に関する規定（第3章）に違反する場合

（1）　フリーランス法12条及び16条に違反する場合

厚生労働大臣は、第3章の規定のうち、的確表示義務（法12）及び解除・不更新の事前予告義務（法16）への違反が疑われる場合、必要な限度において、特定業務委託事業者等（特定受託事業者その他の関係者を含みます。）に対し、報告要請・立入検査を行うことができます（法20①）。また、厚生労働大臣は、違反が認められる場合、特定業務委託事業者に対し、必要な措置をとるべきことを勧告することができます（法18）。さらに、厚生労働大臣は、勧告を受けた者が正当な理由なく勧告に従わない場合には、当該勧告に係る措置をとるべきことを命ずることができ（法19①）、また、その命令を公表することができます（法19②）。

フリーランス法12条又は16条に関する報告要請・立入検査を妨害等し、又は命令に違反した場合には、50万円以下の罰金に処されることが定められており（法24一・二）、また、両罰規定も定められています（法25）。

（2）　フリーランス法14条に違反する場合

　また、厚生労働大臣は、ハラスメント防止措置義務（法14）の違反が疑われる場合、特定業務委託事業者に対し、報告要請を行うことができます（法20②）。また、厚生労働大臣は、フリーランス法14条の違反が認められる場合、特定業務委託事業者に対し、必要な措置をとるべきことを勧告することができます（法18）。さらに、厚生労働大臣は、勧告を受けた者が正当な理由なく勧告に従わない場合には、その旨を公表することができます（法19③）。

　また、フリーランス法14条に係る勧告等のために行う報告要請を妨害等した場合には、20万円以下の過料に処されると定められています（法26）。

　ハラスメント防止措置義務違反（法14）に関しては、勧告に応じない場合の命令が存在しない点、立入検査権限がない点、及び報告要請の妨害に対する罰則の内容が、的確表示義務（法12）や解除等の事前予告義務（法16）との違いになります。

（3）　指導・助言

　以上のほか、厚生労働大臣は、必要があると認めるときは、業務委託事業者に対し、指導及び助言をすることができます（法22）。フリーランス法13条に定める妊娠・出産・育児・介護に対する配慮義務の違反に関しては、報告要請・立入検査や勧告・命令の対象とはなりませんが、指導・助言の対象にはなります。

第10　フリーランス・トラブルの解決手続

〔Q32〕　フリーランスのトラブル解決のフロー

　フリーランスのトラブルに関して、解決方法のフローを教えてください。

　　フリーランスからトラブルに関する相談を受けた場合、相談の類型（報酬未払い、契約解除、ハラスメント等）とフリーランスが獲得し得る利益の観点等から、弁護士に依頼して裁判をする方法、又は、自分で取り得る方法（支払督促、少額訴訟、和解あっせん手続）を選択することになります。公正取引委員会等の第三者機関への申告という手段もありますが、民事上の紛争解決機関ではないという点には、注意が必要です。

解　説

1　手続選択の視点

　フリーランスのトラブル解決の手続を選択するに当たって、フリーランスが法的手続によって何を得たいのか、法的構成、証拠の有無、相手方の資力等から判断を行うのは、他の法律問題に対応する場合と同様です。

　フリーランスの取引に特有の事情として、フリーランスの業務は単発であったり、報酬の単価があまり高額ではなかったりすることも多く、相手方からの回収の見込額を弁護士費用の見込額の方が上回るケースが多くみられます。そのため、フリーランスから相談を受けた場合には、法的手続をとった場合に見込まれるフリーランスの利益を十

分に検討した上で、場合によっては、自分でできる方法をアドバイスすることになります。また、フリーランスの場合には、インターネット上でやり取りが完結していることも多く、発注者の住所地がわからない場合には、取り得る手段が極めて限定的になる点にも留意が必要です。

　金銭請求・非金銭請求のいずれについても、法的解決が見込まれるケースで、かつ、ある程度の経済的利益が観念できる場合には、弁護士に依頼して民事裁判を行うことを検討します。

　他方、弁護士に依頼しない場合、フリーランス自身で通常の民事訴訟を行うことは、手続が煩雑で相応の時間もかかります。そのため、金銭請求であれば、簡易迅速な手段として、支払督促や少額訴訟の利用を検討します。金銭請求でも話合いが有用と思われる場合や、非金銭請求の場合には、和解あっせんの利用を検討します。

2　金銭請求のケース

　金銭請求の場合に、フリーランスが自分で取り得る手続として、支払督促と少額訴訟が挙げられます。話合いでの解決が望める場合には、後述する和解あっせん手続を利用することもあり得ます。

　支払督促（民訴382）とは、債権者の申立てを書面のみで審査して、裁判所書記官が債務者に支払督促を送付する手続です。金銭請求に限られますが、簡明な手続で債務名義（仮執行宣言付支払督促）を取得できること、請求額に上限がないこと、証拠収集や期日出席の負担がないことから、報酬未払いの場合に多く利用される手続です。他方、債務者から一定期間内に異議申立てがなされると、通常訴訟に移行し、債務者の住所地を管轄する裁判所で訴えがあったものとみなされるため（民訴395）、発注者の住所地がフリーランスの居住地から離れている場合には、注意が必要です。また、仮執行宣言付支払督促を取得して

第1章　法律等の解説　　127

も、発注者が支払を行わない場合には、別途、強制執行の手続が必要であることは通常の裁判手続と同様です。

　少額訴訟（民訴368①）は、60万円以下の金銭の支払を求める場合に利用できる訴訟手続であり、原則として1回の期日で審理を終えます。被告が口頭弁論までに申述すると通常訴訟に移行することがあること、被告の資力の状態によっては、分割払いや訴え提起後の遅延損害金免除の判決が下される可能性があります。主に報酬未払い以外の金銭請求（各種損害賠償請求、研修費や保険料の返還請求など）の場合で、ある程度の証拠があり、請求額が60万円以下の場合には、少額訴訟の利用を検討します。なお、少額訴訟で勝訴判決を得ても発注者が支払わない場合には、別途、強制執行の手続が必要であることは、支払督促や通常の裁判手続と同様です。

　以上の詳細は、〔Q34〕もご参照ください。

3　非金銭請求や話合いで解決が見込まれるケース

　金銭請求ではなく、当事者間での調整が必要なケース（ハラスメントや契約解除、給付の内容に関するトラブルなど）や、金銭請求であっても話合いでの解決が望めるケース（発注者と連絡がついており、発注者も何らかの支払はする意思を示しているようなケース等）では、和解あっせん手続を利用することが考えられます。

　和解あっせん手続は、中立の立場の第三者があっせん人として当事者の間に入り、当事者間での話合いをあっせんし、和解による解決を目指す手続です（フリーランス・トラブル110番の和解あっせん手続では、弁護士があっせん人となります。）。訴訟ではないため、訴訟物に捉われることなく、経緯の説明を求めて相互の誤解を解いたり、最終的な解決の中に謝罪を含めるといった柔軟な解決が可能です。他方で、和解あっせん手続には出席の義務がないため、相手方が和解あっ

せんに応じない場合には、期日が開催されることなく手続は終了となります。また、和解あっせん手続で合意に至った場合でも、債務名義を取得することはできません。発注者の態度からしてそもそも和解あっせんに応じる可能性が相応にあるのか、フリーランスが最終的にどのような解決を求めるかを十分に検討した上で、和解あっせん手続を選択する必要があります。

　以上の詳細は、〔Q35〕もご参照ください。

4　行政機関への申告等

　フリーランスは、取引の相手方である事業者がフリーランス法に違反した場合、公正取引委員会・中小企業庁長官・厚生労働大臣に対して、その違反行為を申告することができます（法6①・17①）（〔Q30〕参照）。これらの第三者機関から事業者に対する指導等により、フリーランスのトラブルが解決できる可能性があります。また、フリーランスは、フリーランス・トラブル110番にも相談することができます（法21）。

　ただし、第三者機関への申告は、違反行為の是正を目的とするもので、必ずしも民事上の解決に資するとはいえない点に留意が必要です。

　以上の詳細は、〔Q30〕、〔Q31〕もご参照ください。

第1章　法律等の解説　　　129

〔Q33〕　労働基準監督署や総合労働相談コーナー等で相談できなかったフリーランスへの対応

Q　発注者とトラブルになったため、近くの労働基準監督署や総合労働相談コーナーに行き相談したところ、「あなたは業務委託契約を締結しているからフリーランスであり、ここでは対応できない。」と言われたというフリーランスから相談を受けています。労働者性について、争うことはできるでしょうか。

A　労働基準法上の「労働者」か否かは労働の実態で判断されます（〔Q5〕参照）ので、実質的に労働者と変わらない働き方をしている場合には、たとえ労働基準監督署や総合労働相談コーナーで「あなたは業務委託契約を締結しているからフリーランスであり、ここでは対応できない。」と言われたとしても、労働者性について争うことができます。

解　説

　フリーランス・トラブル110番に寄せられる相談では、労働基準監督署や総合労働相談コーナーに相談したものの、働き方の実態を適切に評価されないまま、業務委託で働いている以上は労働者でないと判断され、「労働基準監督署では対応できないのでフリーランス・トラブル110番に相談してみてはどうか。」と案内されているケースが少なくないように見受けられます。

　そのような案内を受けてフリーランス・トラブル110番に問い合わせてこられた相談者に事情を聞いてみると、残念ながら、労働基準監

督署や総合労働相談コーナーでは、相談者に働き方の実態を確認することもなく、ただ単に契約書に「業務委託契約」と記載されていること等だけをもって、「フリーランスなので労働基準法の射程が及ばない。」と説明しているケースもあるようです。

　また、労働基準監督署や総合労働相談コーナーで働き方の実態を踏まえても、なお、労働者でないと判断されたケースであっても、労働者性の判断の基礎となる事実がうまく伝わっていなかったり、働き方の実態に鑑みて労働者といえるか否か評価が分かれ得るケースであるにもかかわらず労働者でないと断定的に判断されたりしてしまっている場合もあります。

　このように、労働基準監督署や総合労働相談コーナーに相談して労働者性を否定されたとしても、その判断は働き方の実態を反映していない場合も十分あり得ますので、労働者性を争う余地はあるといえます。そして、この点に関するフリーランス・トラブル110番の指摘に対して、厚生労働省は「契約の名称や形式にかかわらず、実態として労働者に該当する方が労働関係法令による保護を適切に受けられるようにすることは重要であると考えており、これらの方に対する労働基準関係法令の適用については、相談者の方から丁寧に話を聞くなど事実確認を行った上で、実態を勘案して総合的に判断しております。都道府県労働局や労働基準監督署において、各制度の適切な執行に努めてまいります。」（パブリックコメント3－5－2）と回答しており、今後の対応に期待するところです。

第1章　法律等の解説

〔Q34〕　少額訴訟・督促手続

　フリーランスが自ら利用できる**紛争解決手続**について教えてください。

様々な紛争解決手続がありますが、裁判手続によるものとしては、通常の民事訴訟によるほか、少額訴訟手続、督促手続などがあります。各種紛争解決手続の内容・特徴及び相談者の意向、希望を踏まえ最も適切な紛争解決手続をアドバイスすることが肝要です。

解　説

1　少額訴訟手続

（1）　意　義

少額訴訟手続とは、請求の目的物の価額が60万円以下の金銭の支払を目的とする少額軽微な事件について、簡易迅速に審判するための手続をいいます（民訴368以下）。

（2）　主な特徴

いかなる紛争解決手段によるのが適切であるかを考えるに当たっては、当該手続の特徴を押さえることが肝要です。

少額訴訟の主な特徴としては、以下のものが挙げられます。

　　ア　一期日審理、即日言渡しの原則

特別の事情がある場合を除き、1回の期日（最初の口頭弁論期日）で審理を完了しなければならないとされています（民訴370①）。そして、審理終了後直ちに判決を言い渡すことが原則とされています（民訴374①）。

イ　証拠調べの制限

一期日審理の原則から、証拠は即時に取り調べられるものに限られています（民訴371）。

ウ　判決による支払猶予

裁判所が被告の資力その他の事情を考慮して特に必要があると認めるときは、裁判所は支払猶予や分割払い、訴え提起後の遅延損害金の支払免除を内容とする判決をすることができます（民訴375）。

エ　訴額及び申立回数の上限

少額訴訟は、訴訟の目的の価額が60万円以下の金銭支払請求である場合に利用でき、同一の簡易裁判所に、同じ人が1年間の間に申立てできる回数は10回までとされています（民訴368①、民訴規223）。

（3）　選択の視点

60万円以下の金銭の支払を求める場合、裁判による紛争解決手続としては、通常の訴訟手続と少額訴訟手続との選択が可能です。どちらを選択するのが適切であるかですが、少額訴訟手続は通常の訴訟手続と比較して、簡易かつ迅速な手続であることや、前述した少額訴訟の特徴も踏まえますと、争点が明確で複雑ではなく、争点に関する証拠を十分に準備することができるといった場合で、相談者が迅速に裁判で解決を図りたいといった場合には、少額訴訟によることが有用といえます。

他方で、少額訴訟においては、一期日審理が原則とされ、証拠調べが制限されているので、原告としては、遅くとも最初の口頭弁論期日において、争点に関する全ての証拠を提出しなければなりません。そのため、文書提出命令の申立てや呼出しが必要な証人尋問などを要する場合には少額訴訟によることは適切ではないということになります。また、原告の意向に反して支払猶予や分割払い等の判決がなされる可能性があり、支払猶予や分割払い等の判決がなされたこと自体に

対しては不服を申し立てることができない（民訴375③）ことを考えますと、相談者が一括払いを強く希望しているといった場合には少額訴訟によることには注意が必要です。

　なお、他に選択し得る方法として、民事調停という手続も利用可能です。民事調停とは、民事に関する紛争について当事者が互譲によって解決を図る手続です（民調1）。そして、民事調停では調停成立の見込みがある限り期日を重ねることができ、回数に制限はありませんので、時間をかけて相手方と話し合うことができます。訴訟で争うことは本意ではなく、できれば話合いによって穏便に解決をしたい、多少、時間を掛けてもよいということであれば、民事調停によることも有用といえます。

2　督促手続

（1）　意　義

　督促手続とは、金銭その他の代替物又は有価証券の一定の数量の給付を目的とする請求について、債務者が争わないことを根拠に、簡易裁判所書記官による書面審査のみで簡易迅速に債権者に債務名義を取得させる手続をいいます（民訴382以下）。

　少額訴訟手続とは異なり、支払を求める金額に上限はありません。

（2）　主な特徴

　督促手続の主な特徴としては、以下のものが挙げられます。

①　裁判所書記官は、支払督促の申立てが適法なものであると認めたときは、債務者を審尋しないで（債権者の申立てのみで）支払督促を発付します（民訴386①）。

②　債務者は、支払督促に対して、督促異議（不服申立て）をすることができます（民訴386②）。

③　適法な督促異議の申立てがあったときは、請求額に従い、支払督促を発した書記官の所属する簡易裁判所又はその所在地を管轄する地方裁判所に訴えの提起があったものとみなされます（民訴395）。なお、督促異議には仮執行宣言前に対してするもの（民訴390）と、仮執行宣言後に対してするもの（民訴393）とがありますが、いずれであっても通常の訴訟手続に移行することになります。

（3）　選択の視点

督促手続による場合、裁判所に出頭することなく債務名義を取得することができ、申立手数料も通常の訴訟や少額訴訟の半分ですので（民訴費3①・別表第1⑩）、債務者が争わないということであれば、督促手続によることが有用といえます。

他方で、適法な督促異議の申立てがあったときは、請求額に従い、支払督促を発した書記官の所属する簡易裁判所又はその所在地を管轄する地方裁判所に訴えの提起があったものとみなされます。通常、債務者の住所地を管轄する簡易裁判所書記官が支払督促の申立先（管轄）ですので、債務者の住所地が遠隔地にある場合、裁判所への出頭が不要と思っていても、督促異議があった場合には遠隔地で訴訟手続をしなければならなくなり、注意が必要です。

なお、督促異議は、異議の理由を記載する必要はなく、異議があるとの記載がなくても支払督促に不服であるとことが伺われる記載があれば督促異議の申立てとして扱われますので、債権者が債務者は争わないと考えていたとしても、予想外に異議の申立てがなされることもありますので、この点も併せて注意しておく必要があります。

第1章　法律等の解説　　135

〔Q35〕　フリーランス・トラブル110番の和解あっせん手続

Q　「フリーランス・トラブル110番の和解あっせん手続」とは、どのような手続ですか。フリーランスがこの手続を利用する場合のメリット・デメリットを教えてください。

A　フリーランス・トラブル110番の和解あっせん手続は、第二東京弁護士会が設置している仲裁センターが運営している裁判外紛争解決機関（ADR）の一つであり、裁判ではなく話合いで迅速かつ簡易にトラブルを解決するための手続です。和解あっせん手続は、通常の裁判手続と比較して迅速性や柔軟な開催方法等で多数のメリットがありますが、裁判手続と異なり強制力のない手続であるため、相手方に話合いによる解決の意向がない場合には適さないというデメリットがあります。

解　説

1　フリーランス・トラブル110番の和解あっせん手続の概要

（1）　フリーランス・トラブル110番とは

　厚生労働省が関係省庁（内閣官房・公正取引委員会・中小企業庁）と連携し、フリーランスの方が発注者等との契約等のトラブルについて弁護士にワンストップで相談できる窓口として第二東京弁護士会に委託して令和2（2020）年11月に設けられたのが、フリーランス・トラブル110番です（公式ウェブサイト：https://freelance110.mhlw.go.jp（2024.9.11））。

　フリーランス法21条は、「国は、特定受託事業者に係る取引の適正化

及び特定受託業務従事者の就業環境の整備に資するよう、特定受託事業者からの相談に応じ、適切に対応するために必要な体制の整備その他の必要な措置を講ずるものとする。」と定めており、同法施行後は法の要請に基づく中核的事業として位置付けられます。

（2）　和解あっせん手続とは

　フリーランス・トラブル110番の相談対応では、フリーランスの方からのメールや電話、ウェブでの相談を受け付けていますが、迅速な解決のために相手方との和解あっせん手続を申し立てることができます。相手方が法人である場合には、申立書類の一つとして必要な資格証明書（履歴事項全部証明書・現在事項証明書など）の取得費用は実費負担となりますが、和解あっせん手続の申立てそのものには費用がかかりません。

　「和解あっせん」は、トラブルの当事者の間に中立の立場のあっせん人が入り、裁判ではなく話合いでトラブルを解決するための裁判外紛争解決機関（ADR）の一つであり、フリーランス・トラブル110番の和解あっせん手続は第二東京弁護士会が設置している仲裁センター（以下「仲裁センター」といいます。）が運営しています。あっせん人として対応するのは、いずれも仲裁センターに登録している10年以上の経験を有する弁護士です。

　和解あっせんが申し立てられると、仲裁センターから相手方に対して和解あっせん手続に応じる意思を有するかどうかを確認し、相手方が手続に応じる場合には、和解あっせん期日（最大で2時間程度）が開催され、あっせん人の弁護士、申立人及び相手方の三者間での話合いが行われます。なお、申立人及び相手方は代理人を就けることもでき、和解あっせん期日は対面だけでなく、ウェブ会議システムによる開催も可能であり、全国どこからでも利用できます。事案の内容によっては、和解あっせん期日が複数回指定されることもありますが、最

第1章　法律等の解説　　137

大でも3回以内を目安としています。

　和解あっせん期日を開催した結果、話合いによる解決が困難である場合には和解不成立で終了となります。話合いにより解決に向けた合意ができれば和解成立となり、あっせん人が事案の内容に応じて作成し、当事者の確認を経た合意書が締結され、手続が終了します。

2　和解あっせん手続のメリット・デメリット

（1）　和解あっせん手続のメリット

　和解あっせん手続は、迅速かつ簡易な紛争解決を目指した手続であり、裁判と比べて迅速な手続であることにメリットがあります。あくまで一般的な例にはなりますが、特に申立書や必要書類に不備がなければ、おおむね申立書類の到着から和解あっせん期日の開催まで1か月半程度であり、1回目の和解あっせん期日で和解成立すれば、最短で2か月程度で合意書作成まで至ることになります。

　訴訟や調停での和解解決と同様ですが、当事者が納得した上で合意書を作成するため、合意書に沿った履行の可能性が高く、回収可能性が高い点はメリットといえます。

　また、原則として手続が一般に公開される訴訟と異なり、和解あっせん手続は非公開の手続であり、公開の手続では話合いがしにくい事件でも安心して申立ての対象とすることができます。非公表での話合いによる手続である点は、裁判所の調停手続も同じですが、調停手続を担当する調停員は必ずしも法律専門家とは限りません。和解あっせん手続では、弁護士登録後10年以上の経験を有する経験豊富な弁護士があっせん人を担当するため、法的な妥当性も意識した話合いを進めることが期待できます。

　さらに、和解あっせん期日は、ウェブ会議システムでの開催にも対応しており、裁判管轄などを気にすることなく、全国どこからでも申

立てをすることができます。必要に応じて通常の裁判手続（訴訟・調停）が行われていない時間帯（休日・夜間）に和解あっせん期日を開催するといった柔軟な対応も可能です。このように、通常の裁判手続と比較して柔軟な手続であることもメリットとして挙げられます。

（2）　和解あっせん手続のデメリット

　和解あっせん手続にはこのように裁判手続とは異なるメリットが多数ありますが、一方で裁判手続とは異なり、強制力がない手続である点はデメリットといえます。

　すなわち、和解あっせん手続は第二東京弁護士会の仲裁センターによる裁判外紛争解決手続（ADR）の一種である以上、相手方には申立てに応じて和解あっせん手続に参加する義務はなく、仮に参加しなかったとしても何らの不利益を課せられることはありません。この点で、裁判所からの呼出しに応じず、答弁なく期日に欠席した場合に原則として原告の請求を認めたことになる訴訟や、正当な理由がない不出頭に対して過料の制裁が予定されている調停とは異なります。

　そのため、全ての事件が和解あっせん手続に適するとはいえず、当事者間の対立が激しく、話合いの余地がほとんどないような場合には、和解あっせん手続を申し立てたとしても、相手方が応諾せずに時間を浪費することになりかねません。したがって、このような場合には、最初から別の手続によることを検討することが賢明です。実際に、フリーランス・トラブル110番の相談対応でも、話合いによる解決が期待できそうにない相談に対しては、和解あっせん手続は勧めず、少額訴訟等の強制力のある手続を案内しています。

第 2 章

事例検討

140

第2章　事例検討　　141

第1　運送、配送関係

〔Q36〕　労働者性が問題となった事例

Q　私はネット通販の商品を家庭に配送する業務を実施しています。配送に使用する軽自動車は会社の費用負担で借りているリース車であり、勤務日、始業・終業時刻、勤務時間が決められております。また、おおむねの運送ルートが事実上決まっており、GPSやAIを用いたルート指定によって細かな指示を受けています。私には労働基準法上の労働者性が認められますか。

A　「労働者性の判断基準」によれば、業務遂行上の指揮監督関係、時間的な拘束性もあるといえ、労働基準法上の労働者性が認められる可能性が高いといえます。

解　説

1　運送、配送フリーランスの労働者性の判断基準

労働基準法上の「労働者性の判断基準」の詳細については、〔Q5〕をご参照ください。また、本件のような運送、配送フリーランスの労働者性については、厚生労働省が、2023年12月21日付資料「貨物軽自動車運送事業の自動車運転者に係る労働者性の判断事例について」（以下「厚労省資料」といいます。）において、労働基準監督署によって労働者性が肯定された事例をまとめ、判断のポイントを示しています。

2 業務遂行上の指揮監督

厚労省資料では、配送状況に応じて元請事業者から随時指示がなされている事例や、契約書等において配送時のルールが定められ、当該ルールに基づく配送が義務付けられている事例において、業務遂行上の指揮監督ありと判断されています。

本件では、おおむねの運送ルートが事実上決まっており、GPSやAIを用いたルート指定によって細かな指示を受けていますので、厚労省資料の事例と照らし合わせると、業務遂行上の指揮監督ありと判断される可能性が高いといえます。

3 時間的拘束性

厚労省資料によれば、始業・終業時刻が定められ、業務時間が指定されている事例のほか、始業・終業時刻の定めはないが、1日の作業時間の目安が定められ、それを前提に1日当たりの配送を行う荷物量が定められている事例も、実態として勤務時間の裁量が低いとして時間的拘束性ありと判断されています。

本件では、勤務日、始業・終業時刻、勤務時間が決められていますので、厚労省資料の事例と照らし合わせると、時間的拘束性ありと判断される可能性が高いといえます。

4 事業者性

傭車運転手のように高価なトラック等を自ら所有するような場合には、「事業者性」が肯定されると考えられます。他方、本件のように配送に使用する軽自動車のリース料を会社が負担している場合には、事業者性は否定されると考えられます。

5 総合判断

厚労省資料における事例はいずれも、業務遂行上の指揮監督関係や時間的拘束性があるほか、報酬の労務対償性が強いことが考慮されて、労働者性ありと判断されました。

本件においては、報酬の労務対償性は不明ですが、業務遂行上の指揮監督関係、時間的拘束性があるといえ、労働者性が肯定される可能性が高いといえます。

144　　第2章　事例検討

〔Q37〕　車両に係る費用を天引き又は請求された事例

Q　私は、配送フリーランスとして契約を締結しました。車は会社が準備してくれると説明を受けました。そのため、ガソリン代や、保険料など車に係る費用については、特に説明がなかったことから、私は負担しなくてもよいと思っていました。ところが、1回目の報酬から車のリース料、保険料、ガソリン代といった車両に係る費用を差し引かれて、振り込まれた報酬は事前の説明とは全く異なっていました。私は、報酬の全額を請求できないでしょうか。また、先日、事故を起こしてしまい、相手方から事故後の車の修理代や免責額を請求されました。私は、これらの費用を支払う必要がありますか。

A　フリーランスと相手方との間で車両に係る費用について、相手方が負担することを示していたものと認定されるような場合に、一方的に報酬から天引きされた場合には、一方的な報酬の減額としてフリーランス法の禁止行為に該当すると判断される可能性があります。

　事故を起こしたことについてフリーランスに責任がない場合には、フリーランスは相手方からの修理代等の請求に応じる必要はありません。また、事故を起こしたことについてフリーランスに責任があっても、客観的に相当と認められる額を超えた額の支払には応じる必要はありません。

解　説

1　前段―報酬から諸経費が天引きされていた場合

　配送業務は、役務の提供に該当しますので（法2③二、解釈ガイドライ

第２章　事例検討

ン第１部１（２）ウ（ア））、特定受託事業者の契約期間が１か月以上である場合には、特定業務委託事業者に対してフリーランス法５条１項各号の規制が及びます（令１）。そして、相手方とフリーランスとの間で、リース料、保険料、ガソリン代といった諸経費の支払について何らの取決めがなされていないにもかかわらず、相手方が、フリーランスが負担すべきものとして一方的に報酬から諸経費を差し引いて（天引きして）、報酬を支払った場合には、フリーランスの責めに帰すべき事由なく報酬を減額したものとして、報酬の減額（法５①二）（〔Ｑ15〕参照）に該当し、違法ではないかが問題となります。

　この点、特定業務委託事業者は、フリーランスに対し業務を委託する場合、書面又は電磁的方法により、報酬の額を明示しなければならないとされていますが（法３①、規則（公取委関係）１⑦）（取引条件明示（３条通知）義務、〔Ｑ９〕参照）、特定受託事業者は、特定受託事業者が業務委託に係る業務の遂行に要する費用等の精算の有無等について特段の明示が無い場合には、業務委託事業者は３条通知に記載した「報酬の額」のみを支払う旨を明示したものであることに留意が必要であるとされています（解釈ガイドライン第２部第１　１（３）キ（ウ））。

　同じく、「報酬の額を減ずること」（法５①二）に該当する具体例として、特定業務委託事業者が、特定受託事業者が業務委託に係る業務の遂行に要する費用等を特定業務委託事業者が自ら負担する旨を明示していた場合に、当該費用等相当額を支払わないことを挙げています（解釈ガイドライン第２部第２　２（２）イ（イ）⑩）。

　本件では、相手方が車を準備するとだけ説明があり、リース料、保険料、ガソリン代といった配送業務を遂行する上で必要となる諸経費については、相手方から特に説明がなかったようです。もっとも、これらの経費については、本来、配送業務を請け負ったフリーランスが

負担するものともいえますので、これら諸経費について何らの取決めがなされていなかった場合には、フリーランスが負担するものとして契約を締結したものと解釈されることになります。しかし、本件の場合、相手方が車を準備すると述べたために、受託したフリーランスからすると、車に付随する費用は相手方が負担してくれるものだったと認識し、お互いの認識に齟齬が生じてしまったという事情があります。このような場合は、相手方が車を準備すると述べたことが、相手方が車に係る経費について、どこまでの範囲で相手方が経費を負担するという趣旨の説明だったのかという点が争点になる可能性があります。そして、検討の結果、相手方が諸経費を負担するものとして契約を締結したと認められた場合には、諸経費を天引きして報酬を支払うことは、フリーランスの責めに帰すべき事由なく報酬を減額したものとして、違法となります（法5①二）。

　このようなトラブルを生じさせないためには、特定業務委託事業者は、フリーランスに対し、発注する事業者が負担する経費の範囲について、丁寧に説明しておくことが必要です。

2　後段―起こした事故について損害賠償を請求された場合

　事故を起こしたことについて、フリーランスに責任があり、相手方から、客観的に相当と認められる額を請求された場合には、フリーランスはこれらの費用を支払う必要があります。

　なお、このような場合、相手方が、客観的に相当と認められる額を報酬額から差し引いて支払ったとしても、「報酬の額を減ずること」には該当せず、禁止行為には該当しないものと解されます（解釈ガイドライン第2部第2　2（2）イ（エ）③参照）。もっとも、客観的に相当と認められる額を超えて請求された場合は、フリーランスは、客観的に相当と

第2章　事例検討　　147

認められる額を超えた額を支払う必要はないですし、客観的に相当と認められる額を超えた修理代等を報酬額から差し引かれた場合には、報酬を減額したものとして、違法となります（法5①二）。

　これに対して、事故を起こしたことについて、フリーランスに責任がない場合には、フリーランスは、相手方からの請求に応じる必要はありません。仮に、相手方が修理代等を報酬額から差し引いた場合には、報酬を減額したものとして、禁止行為に該当します（法5①二）。

第2章 事例検討

〔Q38〕 報酬を一方的に減額された事例

Ｑ 私は配送フリーランスです。契約書には報酬額について明示されていませんでしたが、一定期間は、特に問題なく報酬が支払われていました。しかし、ある時突然、相手方の会社から「報酬を半額にする」と言われました。私は報酬全額を請求できますか。

Ａ 報酬額が明示されていない場合であっても、黙示的に合意されていたとされる場合があります。そのような場合、フリーランスの責めに帰すべき事由がないにもかかわらず報酬額を減ずることは禁止されていますので（法5①二）、報酬全額を請求することができると考えられます。

解 説

1 契約書に報酬額が明示されていない場合の対応

　配送業務を委託することは、役務の提供の委託（法2③二、解釈ガイドライン第1部1（2）ウ（ア））に該当します。したがって、本件の取引にはフリーランス法が適用されます。そして、報酬額に関する条項は、フリーランス法における取引条件明示義務の内容に含まれています（法3①）。したがって、契約書を交わしたにもかかわらず報酬額が明示されていない場合、フリーランスとしては、まずは業務委託事業者に対して報酬額を明示するよう要求することが考えられます。また、業務委託事業者が要求に従わない場合には、公正取引委員会又は中小企業庁長官に対する申出（法6①）を検討してもよいでしょう。

　実務上、配送フリーランスの報酬額については、固定額ではなく、

配送件数等の実績に応じて算定されることも多いと思われます。このように、一定期間内に提供する役務の種類及び量に応じて報酬額が支払われる場合、報酬の具体的な金額を定めることとなる算定方法の明示でもよいこととされており（規則（公取委関係）1③）、配送単価等を明示することで報酬額が明示されることもあり得ます。

ただし、このような場合でも、報酬額の算定根拠となる事項が確定すれば、具体的な金額が自動的に確定するものでなければなりません（解釈ガイドライン第2部第1　1（3）キ（ア））。本件のように業務委託事業者とフリーランスとの間で、報酬額についての明示的な合意がないような場合は、業務委託事業者は取引条件明示義務を果たしたことにはなりません。

2　黙示の合意

業務委託事業者とフリーランスとの間で報酬額についての明示的な合意がなくても（契約書に明記されていなくても）、黙示的に合意が成立したとみる余地は十分にあります。実際、黙示の合意に基づいて報酬額を認定した裁判例は多数あります（東京地判平30・6・20（平29（ワ）6364）、東京地判令4・10・7（令元（ワ）23165）、東京地判令4・10・13（令3（ワ）4817）等）。

本件については、配送フリーランスが受託した業務委託契約は基本的には有償契約と考えられること（民632、商512参照）、一定期間、特に問題なく報酬が支払われてきたことを踏まえると、当該条件を報酬額とする旨の黙示の合意があったと考えることができます（加えて、受注者が「報酬を半額にする」と述べたこと自体も、黙示の合意があったことの裏付けといえます。）。東京地裁令和4年10月13日判決（令3（ワ）4817）も、継続的に取引が行われていた点を重視して、黙示の合意に基づいて報酬額を認定しており、参考になります。

3 報酬減額の禁止

　一旦決定された報酬の額を事後的に減ずることは、フリーランスの責めに帰すべき事由が認められない限り許されません（法5①二）。報酬減額禁止の意義や、フリーランスの責めに帰すべき事由は一定の場合に限られることについては、〔Q15〕をご参照ください。

　本件について、報酬額に係る黙示の合意が認められれば、フリーランスの責めに帰すべき事由により、求められた期限までに配達しなかった等の事情が認められない限り当該報酬の減額は許されず、フリーランスは報酬を全額請求することができることになります。

4 実務上の留意点

　すでに述べたとおり、報酬額についての明示的な合意がなくても（契約書に明記されていなくても）、黙示的に合意が成立していたとして報酬を請求することがあり得ます。

　もっとも、契約書が存在しない以上、立証方法には留意が必要です。本件についていえば、報酬額についての黙示的な合意及び実際に業務を行ったことを示す資料として、従前の支払実績に関する資料（報酬明細や領収書）及び稼働実績に関する資料が重要と考えられます。

第2章　事例検討　　　151

〔Q39〕　配送の再委託の場合の報酬の支払遅延

Q　　私（A）は配送フリーランスとして仕事をしており、C社→B社→Aという業務委託という流れの中で、B社（従業員を使用）との間で業務委託契約を締結しています。私は、B社はC社から委託を受けており、私は再委託であることや、私の報酬はB社がC社から報酬の支払を受けてから支払われることや、その支払期日がいつかという話は聞いていました。しばらくの間、B社からの報酬は約束どおり支払われていましたが、突然報酬が支払われなくなりました。私は、B社の担当者に催促したのですが、「ちょっと待って頂けますか」と言うだけでその後1か月以上支払ってくれません。B社の行為は、フリーランス法において違法にはならないのでしょうか。また、私はC社に対して直接報酬を請求することはできないのでしょうか。

A　　B社が、Aに対する発注時に、C社からB社への報酬支払期日（元委託支払期日）をAに明示していた場合、元委託支払期日から起算して30日以内にAに報酬を支払わなければフリーランス法4条3項に違反します。フリーランス法には、再委託の場合に元委託者からフリーランスへの直接報酬支払義務を定めた規定はないため、C社に対しては請求できません。

解　説

1　再委託の場合の支払遅延の禁止（B社への請求）

　配送業務を委託することは、役務の提供の委託（法2③二、解釈ガイドライン第1部1（2）ウ（ア））に該当します。したがって、本件の取引には

フリーランス法が適用されます。そして、特定業務委託事業者がフリーランスに業務委託をした場合には、役務提供日から起算して60日以内のできる限り短い期間内で、報酬の支払期日を定めてそれまでに報酬を支払う義務があります（法4①⑤）。支払期日を定めなかったときは、役務提供日が支払期日とみなされ、また、役務提供日から起算して60日を超えて支払期日を定めたときは、役務提供日から起算して60日を経過した日が支払期日とみなされます（法4②）（〔Q11〕参照）。

　上記が、フリーランス法におけるフリーランスへの報酬の支払期日の原則ですが、本件のように特定業務委託事業者がフリーランスに再委託する場合には、元委託支払期日から起算して30日以内のできる限り短い期間内にフリーランスに対し報酬を支払わなければならないという例外規定があります（法4③⑤）。ただし、この例外が適用されるのは、①再委託である旨、②元委託者（本件ではC社）の商号、氏名若しくは名称又は事業者別に付された番号、記号その他符号であって元委託者を識別できるもの及び③元委託業務（本件ではC社からB社に委託された配送業務）の対価の支払期日（規則（公取委関係）6）を特定業務委託事業者がフリーランスに対し発注時に明示した場合に限られます（〔Q12〕参照）。

　本件では、B社が従業員を使用していることから、特定業務委託事業者に該当するところ、B社がAに発注する際に、B社はAに対し、①再委託である旨と②元委託者C社の商号、③C社からB社への報酬支払期日（元委託支払期日）も明示していたということですので、フリーランス法4条3項の例外が適用され、B社はAに対し、元委託支払期日から起算して30日以内の期日を報酬の支払期日と定めることができます。なお、仮に、B社とAとの間の業務委託契約上の報酬の支払期日が、元委託支払期日から起算して30日を超えて定められていたとしても、元委託支払期日から起算して30日を経過する日が支払期日とみなされます（法4④）。

第2章　事例検討　　153

　このように、フリーランス法4条3項の例外が適用される場合、B社は、自らがC社から受領する報酬の支払期日よりも後に、再委託先のフリーランスAに報酬を支払えばよいことになります。これを悪用して、C社とB社が結託したり、C社が事業者としての実態のないB社をわら人形として介在させてAと契約を締結したりして、Aへの報酬支払期限を不当に延ばそうとすることも考えられます。しかし、このような場合には、実質的にAに業務委託しているのはB社ではなくC社といえ（解釈ガイドライン第1部3）、フリーランス法4条3項の再委託の例外は適用されません。このような場合には、実質的に業務委託をしている会社はどこなのかが問題となります。

　なお、元委託支払期日は、C社からB社に実際に報酬が支払われた日ではなく、C社とB社との間で合意された報酬支払の予定期日を指します。そのため、C社からB社への報酬の支払が遅延したとしても、元委託支払期日から起算して30日を経過していれば、AはB社に対して報酬の支払を請求できます。

2　再委託の場合の直接支払義務の不存在（C社への請求）

　フリーランス法には、再委託の場合に元委託者からフリーランスへの直接報酬支払義務を定めた規定は設けられていません。また、再委託の場合、元委託者とフリーランスとの間には直接の契約関係はありません。

　そのため、本件でも、AがB社のC社に対する未払報酬債権につき債権者代位権（民423）を行使できる場合や、実質的にAに業務委託しているのがB社ではなくC社といえるような場合は別として、Aが元委託者C社に対して直接報酬を請求することは、当然にはできません。

154 第2章 事例検討

〔Q40〕 病気欠勤を原因とする損害賠償請求

Q 私はフリーランスとして配送業の仕事をしております。契約書上、欠勤した場合には「やむを得ない場合を除き1日2万円を支払う」という違約金が定められておりますが、実際に新型コロナウイルス感染症に感染して1週間ほど欠勤した際、欠勤した期間分の違約金を請求されました。私は違約金を支払わなければならないでしょうか。

A 欠勤による違約金（罰金）条項の「やむを得ない場合」に該当するといえますので、違約金を支払う必要はありません。仮に、当該違約金条項に基づき報酬等から違約金相当額が相殺された場合には、「報酬の減額の禁止」に違反します。

解 説

1 違約金条項に列挙事由が明記されている場合

　本解説では、違約金条項の「やむを得ない場合」の該当性について解説いたします。「1日2万円を支払う」という違約金条項自体の有効性については、〔Q41〕、〔Q42〕をご参照ください。

　契約書が交付されており、契約書において違約金条項が定められている以上、当該違約金条項は「損害賠償の予定」（民420）として合意がなされているといえます。また、「やむを得ない場合」の列挙事由として、配送フリーランスの疾病・怪我等が契約書に明記されている場合には、新型コロナウイルス感染症等の病気に感染するのは、上記列挙事由に該当するといえます。

そのため、「やむを得ない場合」に該当し、当該違約金条項に基づき違約金を支払う義務は生じません。

2 列挙事由が明記されていない場合

契約書に「やむを得ない場合」の列挙事由が明記されていない場合であっても、例えば、特定業務委託事業者から配送フリーランスに対する口頭の説明で「やむを得ない場合」の具体例として、新型コロナウイルス感染症への感染が挙がっていたのであれば、「やむを得ない場合」に該当するものと考えられます。

配送業という業務の性質上、新型コロナウイルス感染症等の病気に感染した状態では、運転時に注意力が散漫になり、交通事故を引き起こす危険性が高まっているといえること、荷物の受取人と配送フリーランスが対面して荷物の授受等のやりとりを行い、感染症等を拡大させる危険性があることから、上記の危険性を回避するため、配送フリーランスが欠勤する必要性が高いといえ、欠勤が「やむを得ない場合」に該当すると考えられます。

3 報酬等から違約金相当額が相殺された場合

配送業務は、役務の提供に該当しますので（法2③二、解釈ガイドライン第1部1(2)ウ(ア)）、特定受託事業者の契約期間が1か月以上である場合には、特定業務委託事業者に対してフリーランス法5条1項各号の規制が及びます（令1）。そして、当該違約金条項に基づき、配送フリーランスの報酬等から欠勤日数に応じた違約金相当額が控除された場合には、上記の1、2のいずれの場合であっても配送フリーランスの責めに帰すべき事由がないといえますので、特定業務委託事業者は、実質的には「報酬の減額の禁止」（法5①二）に反したことになります。

「報酬の減額の禁止」は、減額の名目、方法、金額の多寡を問わず、業務委託後いつの時点で減じても違反となります。この条文は、特定業務委託事業者と特定受託事業者との間で報酬の減額等について、あらかじめ減額事由の合意があった場合であっても、特定受託事業者の責めに帰すべき事由なく報酬の減額を減ずる場合にはフリーランス法違反となります（解釈ガイドライン第2部第2　2（2）イ）（〔Q15〕参照）。

第2章　事例検討　　　157

〔Q41〕　病気による契約解除を原因とする損害賠償

Q　フリーランスとして配送業の仕事を引き受けましたが、仕事がきつく、手首に痛みが出たり、熱を出したりするなどの体調不良もあり、精神的にも辛くなったため、そのことを理由に契約を解除する旨相手方に通知しました。しばらくしてから、相手方より違約金の請求書が届きました。確かに、契約書には違約金の記載があり、「3か月分の報酬相当額」との記載があります。私は違約金を支払わなければならないのでしょうか。

A　本件の違約金は、損害賠償額の予定である場合と、違約罰である場合とが考えられます。本件違約金が損害賠償額の予定である場合において、当該契約に基づき行った仕事が原因で生じた病気を理由に契約解除をしたときは、損害賠償義務を負わず違約金を支払う義務はないのが通常と考えられます。本件違約金が違約罰である場合も、公序良俗違反により無効であり違約金を支払う必要はないのが通常と考えられます。

解　説

1　病気を理由とする契約解除をした場合の損害賠償責任

　民法651条1項は「委任は、各当事者がいつでもその解除をすることができる。」と規定し、同条2項は「前項の規定により委任の解除をした者は、次に掲げる場合には、相手方の損害を賠償しなければならない。ただし、やむを得ない事由があったときは、この限りでない。」と

規定しています。病気で事務処理が困難となったことは、一般に「やむを得ない事由」に当たると考えられています（山本豊編『新注釈民法（14）債権（7）』332頁〔一木孝之〕（有斐閣、2018年））。

　そして、配送業務を委託することは、役務の提供の委託（法2③二、解釈ガイドライン第1部1（2）ウ（ア））に該当しますので、本件の取引にはフリーランス法が適用されますが、フリーランス法においては、違約金条項は取引条件明示義務の内容に含まれていません（法3①、規則（公取委関係）1①）。他方、民法420条3項は、「違約金は、賠償額の予定と推定する。」と規定しています。違約金は、賠償額の予定である場合のほか、違約罰である場合が考えられます。違約罰とは、「損害賠償とは別に、制裁金として支払うべきもの」をいいます（磯村保編『新注釈民法（8）債権（1）』792頁〔難波譲治〕（有斐閣、2022年））。上記民法420条3項により、違約金は損害賠償の予定と推定されますが、ある違約金が、賠償額の予定であるか、それとも違約罰であるかは、契約の解釈によります。契約の解釈は、契約書の記載のみならず、それを含む諸般の事情を踏まえてなされますので、契約書に違約金は違約罰である旨の記載がある場合であっても、必ず違約罰であると解釈されるとは限りません。そうしますと、本件の「3か月分の報酬相当額」との違約金も、賠償額の予定である場合と、違約罰である場合とが考えられます。

　本件のフリーランスは、契約を解除する理由が、「仕事がきつく、手首に痛みが出たり、熱を出したりするなどの体調不良もあり、精神的にも辛くなった」ためとのことですので、当該フリーランスに故意又は過失がなく損害賠償責任を負わないのが通常と考えられますので、「3か月分の報酬相当額」との違約金が賠償額の予定であるときは、違約金を支払う必要がないのが通常と考えられます。

2　病気を理由とする契約解除をした場合の違約罰

　それでは、本件の「３か月分の報酬相当額」との違約金が違約罰である場合は、どう考えるべきでしょうか。上記のとおり、違約罰とは、「損害賠償とは別に、制裁金として支払うべきもの」です。違約罰の合意も、公序良俗に違反しない限り、有効であると考えられています（内田貴『民法Ⅲ第４版債権総論・担保物権』198頁（東京大学出版会、2020年）、前掲・磯村794頁）。違約罰は、債権者が債務の履行を確保するためのものと考えられています（前掲・内田198頁、前掲・磯村795頁）。

　フリーランスが、配送業の仕事を引き受けても、合理的な理由がないにもかかわらず配送業の仕事をしない事態も生じ得るところですので、そうした事態が生じないようにとの意図で違約罰を定めておくことも一般的には有効性を肯定し得るところですが、違約罰の金額の多寡のほかに違約を生じた事情なども考慮した場合に公序良俗（民90）違反として個別的には無効であるときもあると考えられます。

　本件では「仕事がきつ」かったことが病気を生じた原因であり、自分の身体・精神が仕事に耐えられるかどうかは実際にやってみないと分からない面はあると思われます。フリーランスが配送業の仕事をしないという違約の原因がその仕事をしたことによってなった病気である場合に、違約者が違約罰の定めによって債務の履行を確保しようとすることは、現実的に債務の履行をすることができる唯一の自然人たるフリーランスに病気であるにもかかわらず配送業の仕事をさせようとする過酷な面がある上、病気によって仕事ができなくなった場合に一律「３か月分の報酬相当額」を違約金とするのは金額が不当に高額であり、公序良俗に違反するものとされる可能性が高いと考えられます。したがって、「３か月分の報酬相当額」との違約金が違約罰であるときも、違約金を支払う必要がないのが通常と考えられます。

〔Q42〕 誤配、遅配を原因とする損害賠償請求

Q 私は配送フリーランスですが、誤配をしてしまいました。相手方から「誤配１件につき３万円の罰金を支払ってください。」と連絡を受けました。私の報酬は毎月15万円程度であったところ、今月分の報酬からは、２件の誤配を理由に６万円が天引きされる予定です。報酬から罰金を天引きすることは許されるのでしょうか。この罰金の原因が、配達する荷物の量が多すぎたことによる遅配であった場合にはどうでしょうか。

A まず、誤配、遅配による違約金（罰金）条項の有効性に疑義がある可能性があり、無効とされれば「報酬の減額の禁止」に違反します。また、本件違約金条項が有効とされても、権利の濫用、公序良俗違反、過失相殺の類推適用により損害賠償請求が全部又は一部無効とされ、同じく「報酬の減額の禁止」に違反する可能性があります。

解 説

1 誤配、遅配による違約金（罰金）条項の有効性

配送業務を委託することは、役務の提供の委託（法２③二、解釈ガイドライン第１部１（２）ウ（ア））に該当しますので、本件の取引にはフリーランス法が適用されますが、誤配、遅配による違約金条項は、フリーランス法における取引条件明示義務の内容に含まれておりません（法３①、規則（公取委関係）１①）。しかし、誤配、遅配による違約金は、配送フリーランスの債務不履行に基づく損害賠償といえます。したがって、本件条項は「損害賠償の予定」（民420）といえ、契約内容として合

意する必要があります。契約書が交わされていない場合、契約書がフリーランスに交付されていない場合、電子媒体又は電磁的方法によって電子署名又は同意をしたもののその後当該契約書が閲覧できない場合等には、本件条項が合意されたものといえず、本件条項が有効であるとはいいがたいでしょう。

　仮に、契約書が交付されて、本件違約金条項が明記されたとしてもその有効性については別途検討が必要です。この点、2020（令和2）年改正前民法420条においては、「当事者は、債務の不履行について損害賠償の額を予定することができる。この場合において、裁判所は、その額を増減することができない。」と規定されていたところ、改正後民法420条本文においては、後段部分が削除されました。これは、社会通念上金額が過大な場合には、司法の介入により減額がなされることを明確化したものと解釈されています（我妻榮ほか『我妻・有泉コンメンタール民法―総則・物権・債権―［第7版］』803頁（日本評論社、2021年））。本件における、「3万円」という金額が社会通念上過大か否かは、報酬金額及び誤配による平均的な実損害額との均衡を考慮する必要がありますが、本件において、フリーランスの報酬が毎月15万円であり、「誤配1件3万円×5回」で報酬が0円になってしまうことを考慮すると、「誤配1件につき3万円の罰金」と定める条項の合理性には疑義があるといえ、無効とする余地があるといえます。政府見解においても、「いわゆる違約金等の条項が明示的に定められている場合、特定受託事業者に違約金等を支払わせることが報酬の減額（本法第5条第1項第2号）として本法上問題となるかは、契約、取引の実態や特定受託事業者の責めに帰すべき事由がないかなど、個別の事例ごとに判断される」（パブリックコメント2－3－33）とされており、違約金条項が無効となる余地があることを示唆しているといえます。

　以上のような検討の結果、本件違約金条項が無効とされれば、特定

受託事業者の契約期間が1か月以上である本件では、特定業務委託事業者に対してフリーランス法5条1項各号の規制が及び（令1）、本件違約金と報酬とを相殺することは、実質的には「報酬の減額の禁止」（法5①二）（〔Q15〕参照）に違反します。

2　誤配による違約金条項の適用

　本件違約金条項が形式的には有効であったとしても、特定業務委託事業者が本件違約金条項に基づいて違約金を請求することは無効であるとする余地があります。配送フリーランスの事例において、違約金条項の有効性を判断した裁判例は見当たりませんが、他の業務に関する事例で違約金条項に基づく損害賠償請求を否定した裁判例として、契約時に違約金条項の説明が欠如していたことを理由としたもの（東京高判平7・2・27判時1591・22）、優越的地位の濫用を理由としたもの（浦和地判平6・4・28判夕875・137）があります。誤配と一言でいってもその後の処理は多様です。誤配の指摘があった後速やかに配送フリーランスが対応したため荷受人に滞りなく荷物が到着した場合など、事実上の損害が発生しないこともあります。そのような場合にまで本件違約金条項の適用を主張することは、権利の濫用（民1③）又は公序良俗違反（民90）として無効とされる可能性があります。仮にこれらの主張が無効とされると、本件違約金と報酬とを相殺することは、実質的には「報酬の減額の禁止」に違反します。

3　配達する荷物の量が多すぎたことによる遅配の場合

　量の多い荷物の配送をすることにつき諾否の自由がなく、時間的には終日拘束され、場所的にも配送ルートに拘束され、実質的な指揮監督関係を認める余地がある場合には、本件配送フリーランスの労働者性を検討する必要があります（〔Q36〕参照）。仮に、労働者性が認めら

れれば、損害賠償の予定の禁止の法理（労基16）により、本件違約金条項が無効となります。

　また、仮に本件違約金条項が有効であるとしても、過失相殺まで否定されるものではありません。配送フリーランスの事例ではありませんが、最高裁平成6年4月21日判決（裁判集民172・379）は「当事者が民法420条1項により損害賠償額を予定した場合においても、債務不履行に関し債権者に過失があったときは、特段の事情のない限り、裁判所は、損害賠償の責任及びその金額を定めるにつき、これを斟酌すべきものと解するのが相当である」としました。この裁判例では、発注者が余計なコストをかけたくないという意向を持っていたことが過失相殺の類推適用の根拠とされました。このことからすれば、配送コストを削減するために一人の配送フリーランスに多くの荷物を配送させている場合には、この判例を当てはめることが可能であり、本件においても過失相殺が認められる可能性があります。

164　　第2章　事例検討

〔Q43〕　契約解除後の報酬残額支払拒否

Q 　私は会社の車両を利用する形式の配送フリーランスに継続的に従事していたのですが、一身上の理由により契約を解除しました。しかしその後、契約解除前の報酬2か月分を会社が支払ってくれず、未払金額は合計30万円になっています。そして、会社に対して報酬残額を支払うように電話で話したところ、私が使用していた車両に破損があるため、修理代30万円と報酬残額を相殺すると言われました。私は報酬残額を請求できないのでしょうか。

A 　委託者が損害の発生及び報酬残額との相殺を主張した場合であっても、常に受託者が賠償責任を負わなければならないものではなく、報酬残額の支払を請求する余地はあります。

解　説

1　契約上の定めがない場合

　受託者が業務を遂行する中で委託者に損害が発生した場合の取扱いにつき契約上の定めがない場合、発生した損害の全てを受託者が負担しなければならないのでしょうか。

　この点、最高裁判決は、事業の執行につきなされた被用者の加害行為により使用者が損害を被った場合であっても、常に被用者が全ての損害を負担しなければならないものではなく、「その事業の性格、規模、施設の状況、被用者の業務の内容、労働条件、勤務態度、加害行為の態様、加害行為の予防若しくは損失の分散についての使用者の配慮の

程度その他諸般の事情に照らし、損害の公平な分担という見地から信義則上相当と認められる限度において、被用者に対し右損害の賠償又は求償の請求をすることができるものと解すべき」であるとしています（最判昭51・7・8民集30・7・689）。近時の最高裁判決も、被用者が使用者の事業の執行について第三者に損害を加え、その損害を賠償したのち使用者に求償した事案において上記最高裁判決を引用した上で「損害の公平な分担という見地から信義則上相当と認められる限度において、被用者に対して求償することができると解すべき」としており（最判令2・2・28民集74・2・106）、労使間における損害の公平な分担という考えは維持されています。

　そして、これらの裁判例は労働者についてのものですが、損害賠償責任を軽減する法理の適用は必ずしも労働契約に限定されるべきではなく、類似の契約関係にも及ぶと解すべきであると考えられていますので（東京大学労働法研究会編『注釈労働基準法　上巻』141頁〔橋本陽子〕（有斐閣、2003年））、委託者から一定の指示を受けて業務に従事するフリーランスにも妥当し得るものです。

　したがって、委託者が車両の破損により修理代の損害を被ったとしても、車両の破損した原因次第では、全て受託者の責任とはできない場合もあるでしょう。したがって、受託者が負担すべき損害を除いた部分の報酬については速やかに支払うべきとの主張をすることも可能な場合もあり得ると考えられます。

2　契約上の定めがある場合

　契約上、車両の修理代等委託者が被った損害を受託者が負担する旨の定めがあった場合、かかる費用を受託者の負担とすることが法令により禁止されているわけではありませんので、直ちに契約上の定めが違法ないし無効であるということはできません。

もっとも、契約上の定めがあれば争うことができないとまではいえ
ず、損害の公平な分担の見地から契約上の「損害」の範囲を限定的に
解釈するなどの方法によって、損害賠償責任を軽減する余地はあると
考えられます。

その際には、上記最高裁判決の指摘する「事業の性格、規模、施設
の状況、被用者の業務の内容、労働条件、勤務態度、加害行為の態様、
加害行為の予防若しくは損失の分散についての使用者の配慮の程度」
といった考慮要素が参考になるといえます。

3　まとめ

以上のとおり、委託者が損害の発生を主張した場合であっても、常
に受託者が賠償責任を負わなければならないものではなく、報酬残額
の支払を請求する余地は存在します。

なお、ここまでの記載は委託者の主張する損害が真に存在すること
を前提としていますが、車両の破損や30万円の修理代が実際に発生し
ているか、破損が受託者の責に帰すべき事由により生じているか、修
理代が妥当な金額であるといえるかといった点については、委託者の
一方的な主張のみからは真偽を判断できないため、委託者に根拠資料
の提示を求めるなどしてあらかじめ確認すべきであるといえるでしょ
う。

第2章　事例検討　　167

〔Q44〕　自己都合による契約解除を原因とする損害賠償

Q　フリーランスとして配送業の仕事を引き受け、報酬は月平均20万円程度でしたが、契約から1年以上、業務内容や報酬の金額、支払に関するトラブルはありませんでした。しかし、一身上の都合により、今月をもって契約を解除したいと相手方に連絡したところ、契約解除は2か月前に申告することとなっており、それに違反した場合には、200万円の損害賠償を請求することになると言われました。確かに、業務委託契約書には、その旨記載されていました。私は、この損害賠償責任を負わなければならないのでしょうか。

A　フリーランスが契約の任意解除権の放棄を合意したものと解する余地がありますが、違約金（罰金）条項の有効性につき、公序良俗違反となる可能性があります。違約金条項が無効とされれば「報酬の減額の禁止」に違反します。

解　説

1　解除予告期間の適用対象

　フリーランス法16条1項は、特定受託事業者と特定業務委託事業者との間の継続的業務委託に係る契約につき、少なくとも30日の解除予告をするよう定めていますが、フリーランス法の「契約の解除」は、特定業務委託事業者からの一方的な意思表示に基づく契約の解除をいい、特定受託事業者からの一方的な意思表示に基づく契約の解除を含んでおりません（解釈ガイドライン第3部4(2)）。

2 任意解除権の放棄

委任契約は、各当事者がいつでもその契約を解除できますが（民651①）、任意解除権の放棄が可能かどうかを別途検討する必要があります。民法651条は任意規定であること（法務省民事局参事官室「民法（債権関係）の改正に関する中間試案の補足説明」498頁）、最高裁昭和56年1月19日判決（民集35・1・1）では、任意解除権を放棄したとはいえない事情があれば、民法651条に基づき委任契約を解除できる旨判示していることから、任意解除権を放棄することができるという前提に立っております。

そのため、「契約解除は2か月前に申告する」という条項は、特定受託事業者が2か月より短い期間の任意解除権を放棄したものと解される余地があるといえます（〔Q28〕参照）。

3 解除予告義務違反を原因とする違約金条項の有効性

上記条項が、特定受託事業者が任意解除権を放棄したものと解されるとしても、上記条項自体が無効と解される余地があると考えられます（〔Q29〕参照）。

違約金の額が社会通念上過大な場合には、減額がなされることが2020（令和2）年改正後民法420条において明確化されております（〔Q42〕参照）。本件では「200万円」という金額になっていますが配送フリーランスが契約を解除しても、直ちに、実際に200万円もの損害が発生するとはいえず、過大な金額といわざるを得ません。そして、本件のフリーランスの報酬が月平均20万円程度であったことを踏まえると、報酬金額と平均的な実損害額や費用との均衡を逸していると評価される余地があるといえます。

また、一般的に、配送フリーランスと特定業務委託事業者との間の情報の質及び量並びに交渉力に格差があります。そのため、配送フリ

第2章　事例検討　　169

ーランスにおいて上記条項の廃止等を求めることは事実上困難といえます。上記の配送フリーランスの平均的報酬に比して違約金が多額であり、配送フリーランスの転職を多額の違約金で足止めする効果を生じさせていることから、配送フリーランスにおいて一定期間の任意解除権の放棄を定めることは職業選択の自由（憲22①）を不当に奪うものであると評価され得るといえます。

　以上より、当該条項は、公序良俗（民90）に反し無効と解される又は当該条項に定められた違約金から減額される余地があると考えられます。特定業務委託事業者が契約に条項があることのみを根拠に当該違約金相当額と本件のフリーランスの報酬を相殺することは、実質的には「報酬の減額の禁止」（法5①二）に反すると認定される可能性があります（〔Q15〕参照）。

第2章　事例検討

第2　建設、設備工事関係

〔Q45〕　労働者性が問題となった事例

Q　私は、社長夫婦が経営する株式会社と業務委託契約を交わし、建設現場で働いています。主な仕事は足場の組み立てや解体作業です。平日、朝8時に会社に行き、社長の車に乗って現場に行き、夕方18時頃に帰ってきます。作業中は社長の指示で動いています。先日、家庭の事情から休暇を取りたいと伝えたところ、契約解除だと言われてしまいました。契約の解除は、受け入れなければならないのでしょうか。

A　諾否の自由を有していたとはいいがたいこと、業務遂行上の指揮監督を受け、勤務場所・勤務時間の拘束を受けていたこと等を考慮すると、労働者性を主張し、契約解除は解雇であるとして、その効力を争える可能性があります。

解　説

1　本件の契約解除の法的性質

　業務委託契約（委任・準委任契約）は、原則として自由に契約の解除をすることができます（民651①）。他方、労働契約に関しては、労働契約法16条が「解雇は、客観的に合理的な理由を欠き、社会通念上相当であると認められない場合は、その権利を濫用したものとして、無効とする」と規定しています。

　本件の契約解除の法的性質が、業務委託契約の契約の解除ではなく、労働契約の解除に当たる場合には、休暇を取りたいと相談したことが、

第2章　事例検討　　171

解雇を正当化する事情に当たるとは考えられにくく、本件フリーランスは、契約解除の無効を主張できることになります。

2　解雇規制の適用範囲

　解雇規制を含め労働契約法の適用を受ける労働関係か否かは、そこで働く人が労働契約法で定義されている「労働者」といえるか否かによって判断されます。労働者性の判断に当たっては、実務上、昭和60年12月19日付け労働基準法研究会報告（労働基準法上の「労働者」の判断基準について）が強い影響力を持っています。労働者性の判断要素に関する詳細は、〔Q5〕をご参照ください。

3　本件フリーランスの労働者性

　本件の場合、案件ごとに受けるのか否かの意思確認がなされていたわけでもなく、当然のように平日毎日業務に従事していたのであれば、フリーランスが諾否の自由を有していたとはいいがたいといえます。

　また、作業現場において社長の具体的指示のもとで働いていることや、午前8時から午後6時まで現場に拘束されることが常態化していることから、業務遂行上の指揮監督を受け、勤務場所・勤務時間の拘束を受けていたといえそうです。

　平日午前8時から午後6時まで一つの現場に拘束されていることからは、専属性の高さも基礎付けられます。報酬の性質、事業者性の有無、選考過程における一般従業員との異同等の事情は不明ですが、フリーランスが、労働基準法上、労働契約法上の労働者に当たる可能性は高いように思われます。

　よって、労働者であるといえる場合、フリーランスは、本件の契約解除が労働契約の解雇に当たるものとして、契約解除の効力を争うことができます（労契16）。

〔Q46〕 求人募集においては二次請けである旨記載されていたところ、実際には三次請けであった事例

Q 私は、大手電気店の元請事業者であるＡ社のホームページにおいて、当該電気店の二次請け業者を募集しているとの求人募集を確認し、応募しました。私は、Ｂと面接した上でフリーランスとして採用され、エアコンの取付け等を行うようになりました。なお、採用後のＡ社との業務連絡は全てＢを通して行われました。その後、ある時から報酬の支払が行われなくなり、Ｂとも連絡が取れなくなったため、Ａ社に状況を確認したところ、Ａ社の説明により、①私の契約の相手方はＡ社ではなくＢである（つまり、私は三次請けである）こと、②Ａ社は、私への報酬相当額をＢに支払済みであり、Ｂが報酬相当額を持ったまま行方不明になってしまったことが判明しました。

私は、大手電気店の元請事業者であるＡ社から仕事を請けることができることから応募したのに、Ａ社から仕事を請けるものでなければ、業務を行うつもりはありませんでした。私は、Ａ社に対して、未払報酬（相当額）の支払を請求することができるのでしょうか。

A ①まずは契約の相手方がＡ社であると立証できないかを検討しましょう。②仮に契約の相手方がＢである場合、Ａ社は、フリーランス法上の的確表示義務に違反していた可能性が高いです。しかし、フリーランス法は、的確表示義務違反があった場合にも、特定業務委託事業者に行政上の制裁を課すも

のにすぎません。そのため、フリーランスからＡ社に対して未払報酬の支払を直接求めることはできません。Ａ社に対しては、虚偽の表示や誤解を生じさせる表示を行ったとして、損害賠償請求を行うことが考えられます。

解 説

1 契約の相手方の検討

　Ａ社への請求の可否の検討に当たっては、まず、契約の相手方がＢではなくＡ社であるとして、Ａ社に対して直接報酬を請求することができないかを検討することになります。

　本件のフリーランスは、Ａ社のホームページに掲載されていた、大手電気店の二次請け業者としての求人募集を見てこれに応募しています。しかし、フリーランスが応募した後の面接以降、実際のＡ社との対応はＢが行って、当該電気店のエアコンの取付け等の仕事をしていたとのことです。

　さらに、Ａ社が報酬をフリーランスではなくＢに支払っていたことは、Ａ社の契約当事者があくまでもＢであったことを基礎づける方向の事情となり得ます。

　このほか、発注書等の契約関係書類の記載内容、フリーランスがＡ社に応募した際のＡ社とのやり取り、業務実態等にも重要な情報が含まれているかもしれません。これらの情報を踏まえ、Ａ社とフリーランスとの間での契約が成立したことの立証が可能か検討する必要がありますが、本件では、契約の相手方がＡ社とするのは難しい事案のように思えます。

2 契約の相手方がBである場合の対応－A社への請求が可能か

（1） フリーランス法上の的確表示義務違反

フリーランス法12条は、特定業務委託事業者（発注者）に対して、業務委託に係る特定受託事業者の募集に関する広告等の情報について、虚偽の表示又は誤解を生じさせる表示をしてはならない旨を定めています（的確表示義務。詳細は〔Ｑ７〕参照）。

的確表示義務が課される具体的な表示事項には、「特定受託事業者の募集を行う者に関する事項」、すなわち、発注者となる者の名称や業績等が含まれます（法12①、令2、指針第2 1（4））。そして、「虚偽の表示」の具体例として、募集情報の提供時に、意図して、実際に業務委託を行う事業者とは別の事業者の名称で業務委託に係る募集を行う場合が挙げられています（指針第2 2（1））。

本件では、A社は、自社ホームページにおいて、大手電気店の二次請け業者（A社の直接の下請け）を募集していたにもかかわらず、実際にフリーランスに対する委託者となったのは、A社自身ではなく、その協力業者（A社の直接の下請け）であるBとなっています。そうすると、A社は、実際に業務委託を行う事業者はBであったにもかかわらず、業務委託を行う事業者がA社であると読み取れるような形で募集をしていたという点で、「特定受託事業者の募集を行う者」について「虚偽の表示をしていた」といえそうですし、少なくとも誤解を生じさせる表示に該当する可能性が高いといえます。

したがって、A社は、フリーランス法上の的確表示義務に違反していたといえます。

なお、A社は、求人募集に応募してきたフリーランスの個人情報を、フリーランスの同意を得ずにBに提供していると考えられることから、個人情報保護法にも違反している可能性がありますが、本書の目的に鑑み、詳細な説明は割愛します。

（2） 的確表示義務違反の効果

特定業務委託事業者がフリーランス法上の的確表示義務に違反した場合、フリーランスは、厚生労働大臣に対し、的確表示義務違反の事実を申し出て、適当な措置を取ることを求めることができ、特定業務委託事業者に対しては行政上の制裁（行政指導や刑事罰等）が課される可能性もあります（詳細は〔Q30〕、〔Q31〕参照）。しかし、フリーランス法では、上記の制裁を超えて、特定業務委託事業者に対して報酬を直接請求することを認める規定や、特定業務委託事業者に対して損害賠償請求を行うことができる旨の規定等は定められていません。

したがって、少なくとも、フリーランスからA社に対して、未払報酬の支払を直接求めることは難しいと考えられます。また、A社に対して報酬相当額の損害賠償請求を行うことについても、フリーランス法違反の私法上の効力が不明であることから、A社が的確表示義務に違反していることのみをもって直ちに損害賠償請求が認められるかは定かではありません（また、的確表示義務違反を理由とする損害賠償請求が認められるとしても、的確表示義務違反と損害との間の因果関係等の問題があります。詳細は下記（3）をご参照ください。）。

（3） 責任追及の方策

上記のとおり、フリーランス法上の的確表示義務違反が私法上の効力を有するかは不明ですが、いずれにせよ、フリーランスとしては、A社が虚偽の表示や誤解を生じさせる表示を行ったことにより報酬相当額の損害を被ったとして、A社に対して、民事上の責任追及（損害賠償請求）を行うことが考えられます。

裁判例においては、契約成立の過程や損害が生じた原因等に関する具体的な事実関係のもとで、契約当事者ではないが契約締結に関与した者に対して、説明義務違反があったこと等を理由とする損害賠償責任を認めたものも存在しています（最判平17・9・16判時1912・8、潮見佳

男『契約法理の現代化』第2章9頁（有斐閣、2004年）等）。こういった損害賠償請求が認められるかは事例によって異なりますが、例えば、相手方の説明に虚偽の事実又は誤信を生じさせる内容が含まれていたことは、一般に相手方の責任を基礎づける具体的事実の一つとなりますので（西村宏一・坂本慶一編『民事弁事裁判実務③動産取引』122頁（ぎょうせい、1997年））、本件でも、フリーランス法上の的確表示義務違反が私法上の効力を有するかどうかにかかわらず、Ａ社の募集情報に虚偽の表示が含まれていたこと等を理由に民事上の責任追及を行うことはあり得ると考えられます。また、Ａ社が当初からフリーランスとＢを契約当事者とすることを意図しつつ、その事実を秘してあたかもＡ社が契約当事者になると読み取れるような形で募集を行ったというような欺罔の度合いが強いケースであれば、端的にＡ社による詐欺行為を理由に不法行為責任（民709）を追及することが考えられます（大判大5・1・26刑録22・39、平野裕之『債権各論Ⅱ事務管理・不当利得・不法行為』252頁（日本評論社、2019年））。

　もっとも、Ａ社の責任の有無については、具体的な募集情報の内容や、交渉経緯、当事者の行動等によって大きく異なります。また、仮にＡ社の責任が認められるとしても、Ａ社の行為と損害との間に相当因果関係が無いといった理由で、Ａ社に対する損害賠償請求が否定される可能性もありますので、Ａ社に対して未払報酬相当額まで損害賠償請求を行えるかは定かではありません。

　このように、Ａ社に的確表示義務違反があったとしても、民事上の責任追及として、報酬相当額の賠償を求めることは必ずしも容易ではありません。フリーランス法に違反する行為があった場合に私法上の効力が認められるのか（認められる場合、どのような効力が生じるのか）という点については、今後議論の進展が待たれるところです。

第2章　事例検討　　177

〔Q47〕　工事の施工不良を指摘されたことが原因で報酬の支払遅延が発生し、減額を主張された事例

Q 私は、一人親方（フリーランス）として住宅やビル・商業施設等の建物の水回り設備の取付工事の仕事をしています。この度、建設会社（発注者・相手方）からの依頼で、3か月間、その会社の専属で、複数の現場において連続して建物の水回り設備の取付工事に従事しました。ところが、私が行った工事について、様々な現場でいろいろな施工不良があったなどと言われて、損害賠償を求められています。この施工不良は私のミスではないため、不当な要求と考えています。私は報酬全額を請求することができるでしょうか。

A 契約の目的・内容に照らし、不完全履行ないし契約不適合があれば、フリーランスは、発注者である建設会社に対し損害賠償を負います。フリーランスの言い分どおり施工にミスはなく、建設会社が主張する損害賠償請求に根拠がないのであれば、建設会社による報酬からの損害額の一方的な控除ないし相殺は違法となります。したがって、フリーランスとしては、相手方に報酬全額の支払を求めることが考えられます。また、施工不良を理由に建設会社から一方的に報酬を減額された場合、報酬の減額の禁止に抵触する可能性があります。

解　説

1　フリーランスの損害賠償義務

本件の契約の性質については、仕事の完成を目的とする「請負」（民

632）とする見解と業務の委託を目的とする「準委任」とする見解があ
りますが、いずれに該当するかについては、契約書の表題その他の契
約文言にとらわれず、実際の取引条件や行為の実態に着目して判断さ
れるものです。本件の説明では、建物の水回り設備の取付という仕事
の完成に着目して、本件の契約が「請負」に該当することを前提に解
説します。

　フリーランスが契約に定められた義務を完全に履行しなかった場合
には、発注者に対し、債務不履行責任を負います（民415）。契約の内容
として仕事の目的物の引渡しを伴う場合、発注者による検収を受ける
ことになりますが、検収に不合格であれば、発注者の追完請求に応じ、
契約に定められた仕様どおりに仕事をやり直すことになります（民562
①。民559による準用）。他方、検収に合格し引渡しが済んだ後に目的物
ないし成果に不具合が発見された場合には、契約不適合として、発注
者の選択により、追完（やり直し）、代金の減額又は損害賠償の義務を
負います（民562①・563①・565。民559による準用）。また、発注者は、一定
の場合を除き、債務不履行ないし契約不適合を理由として契約を解除
することもできます（民541・542・564）。

　契約不適合責任について、発注者から提供された材料の性質又は発
注者の指図によって生じた不適合が理由であるとき、及び、発注者が
不適合を知った時から１年以内にその旨を請負人に通知しないとき
は、請負人に悪意があった場合を除き、発注者は履行の追完の請求、
報酬の減額の請求、損害賠償の請求及び契約の解除をすることができ
ないという特則があります（民636・637）。

　債務不履行ないし契約不適合の基準は、仕事が合意された内容（＝
仕様）どおりに完成したかどうかです。

　本件では、発注者である建設会社は、施工不良があったとして損害
賠償を請求する一方、フリーランスは施工不良が自分のミスであるこ

とを否定しています。いずれの言い分が正しいかは事実認定次第ですが、施工不良の話が真実であった場合、発注者が、支払うべき請負代金ないし委任報酬の支払債務と支払われるべき損害賠償請求権とを対当額で相殺することは、法令上禁止されません。したがって、フリーランスが報酬全額の支払を受けるためには、現実問題として、交渉又は法的手続を通じ、建設会社側の損害賠償請求には理由がないことを建設会社に納得してもらうか、又は第三者に認定してもらう必要がありそうです。

2　施工不良がフリーランスの責任ではなかった場合

　建物の水回り設備の取付工事の仕事を委託することは、役務の提供の委託（法2③二）に該当します。したがって、本件の取引にはフリーランス法が適用されます。本件の相手方は、建設会社であるため、特定業務委託事業者（法2⑥二）に該当するところ、本件の契約期間は1か月以上ですので、本件契約に関しては特定業務委託事業者の禁止行為の規制（法5、令1）が適用されます。

　フリーランス法は、フリーランスの帰責事由がない場合に、特定業務委託事業者の報酬を減額することを禁じています（法5①二）（報酬の減額）。本件において、施工不良がフリーランスの責任ではなかった場合、相手方が損害賠償を理由に報酬を一方的に減額したとすれば、かかる相手方の行為は「報酬の減額」に該当し、違法となります。

180 第2章 事例検討

第3 システム開発、Web制作、デザイン、映像・番組制作、ライター

〔Q48〕 労働者性が問題となった事例

Q 私はフリーランスとして業務委託契約により編集の仕事をしています。会社と契約する際に、半年間ぐらいしたら、正社員になってもらうと言われましたが、半年間経過しても、なかなか正社員にしてくれません。最初の1か月は毎日出社し、1日8時間働いて日報を毎日提出するように指示されていました。その後は週2回のリモート勤務が認められましたが、業務委託期間中は、副業禁止を含む「社則」を渡され、これに従って業務を行っていました。私は、正社員になれることがあるからこそ、最初は業務委託契約でもいいかと思って働くことにしたのです。私には労働者性が認められますか。

A 業務遂行上の指揮監督がある程度行われていたこと、勤務場所・勤務時間について相当程度の拘束を受けていたこと、フリーランスが会社に経済的に従属し専属性が認められること、及び委託者自身、フリーランスを労働者に準じて取り扱っていたこと等の事情を考慮すれば、労働者性が認められる可能性が高いと考えられます。

解 説

1 労働者性の考え方

契約の形式や名称にかかわらず、労務提供の実態から、労働者性の有無は判断されます。具体的な判断基準は、〔Q5〕のとおりです。

2 本件について

(1) 業務遂行上の指揮監督の有無

まず、委託の対象は「編集の仕事」というだけで、その具体的内容は不明ですが、編集という業務の一般的な性質からすると、フリーランスは、業務委託事業者から具体的な指揮監督を受けることなく、専ら自身の判断により相当な裁量をもってこれを遂行していたと考えられます。

次に、最初の1か月間において、日々、日報を提出するように指示されていたという点は、会社側がフリーランスの業務内容をチェックしていたといえ、業務遂行上の監督がある程度存在したことをうかがわせます。

なお、社則に従って業務を行っていたという点について、「社則」の具体的内容次第ですが、通常注文者が行う程度の指示等にとどまる場合は、指揮監督を受けているとはいえないと解されています（白石哲編『労働関係訴訟の実務［第2版］』5頁（商事法務、2018年））。したがって、その事実だけをもって、委託者から業務遂行の方法を指揮命令されていたとまではいえないと思われます。

(2) 勤務場所・勤務時間の拘束性の有無

最初の1か月は、毎日出社し1日8時間働いていたことから、勤務場所・勤務時間の拘束を受けていたといえます。他方、2か月目以降は、週2回のリモート勤務が認められるようになり、勤務場所の拘束性は一定程度緩和されたといえます。ただし、それ以外の日は、やはり出社を求められていたようですので、勤務場所・勤務時間について、一定以上の拘束が続いていたと評価されます。

(3) その他の事情

副業禁止とされていることから、業務委託事業者に対して専属的に労務提供をしており、経済的従属性がうかがえます。また、半年後に

正社員になってもらうと発言していたことは、「社則」の遵守を求めた
ことと合わせ、業務委託事業者がフリーランスを自らの組織の構成員
（労働者に準ずる者）として認識し取り扱っていたことをうかがわせ
る事情です。

（4）　結　論

　以上より、業務遂行上の指揮監督がある程度行われていたこと、勤
務場所・勤務時間について相当程度の拘束を受けていたこと、フリー
ランスが会社に経済的に従属し専属性が認められること、及び業務委
託事業者がフリーランスを労働者に準じて取り扱っていたこと等の事
情を考慮すれば、フリーランスには労働者性が認められる可能性は高
いと考えられます。

第2章　事例検討　　183

〔Q49〕　相手方から報酬金額は明示されていたが、金額を契約時に合意していなかった事例

Q　私（A）は、フリーランスとして映像制作をしています。今回、相手方（B社）からの依頼により、番組映像の制作を受託しました。報酬については、「10万で」との書面による提示はありましたが、納得できなかったので、「最後に相談させてください。」と伝え、こちらから見積書のみ送付していました。そして私（A）は、番組映像を完成させ、納品した後、報酬として50万円を請求しました。しかし、相手方（B社）は、報酬は10万円しか支払えないと言って譲りません。私（A）は、報酬50万円の支払を請求することはできないでしょうか。

A　B社が提示した「10万円」という金額は、当事者双方が合意した金額とはいえないため、3条通知として有効ではありません。また、B社が10万円という提示額に固執し、事実上Aとの話合いを拒否していたことは、「買いたたき」に該当する可能性があります。AがB社に報酬相当額を請求する方法としては、商法512条に基づく報酬の支払請求が考えられますが、裁判等でかかる請求をすることは、フリーランスにとっても負担となりますので、業務を受託する際に、確実に報酬について合意しておくことが肝要です。

【解　説】

1　本件で取引条件明示義務違反は認められるか

　番組映像の制作を委託することは、情報成果物の作成の委託（法2③

一・④二）に該当します。したがって、本件の取引にはフリーランス法が適用されます。そして、業務委託事業者は、特定受託事業者に対して業務委託をした場合、直ちに、具体的な取引条件を書面又は電磁的方法により明示しなければならず（法３①、規則（公取委関係）１柱書、解釈ガイドライン第２部第１　１（３）キ）（取引条件明示（３条通知）義務、〔Ｑ９〕参照）、具体的な「報酬の額」も明示すべき事項に含まれます（規則（公取委関係）１①七）。本件では、「報酬の額」に争いがありますので、Ｂ社が提示した「10万円」という金額が３条通知として有効かが問題となります。

　この点、「業務委託をした場合」とは、業務委託事業者と特定受託事業者との間で、業務委託をすることについて合意した場合をいいます（解釈ガイドライン第２部第１　１（１））。また、同条の趣旨が、契約条件があいまいなまま仕事をさせられる事態からフリーランスを保護することにあることに照らせば、「報酬の額」とは、業務委託事業者が一方的に指定した金額ではなく、当事者間で合意された金額を意味すると解されます。

　本件では、Ｂ社はＡから「最後に相談させてください。」と伝えられた後、特段の対応をしておりませんので、業務委託契約が締結された際に、Ａとの間で報酬額が合意されていなかったといえます。そうすると、フリーランス法３条の趣旨に照らせば、Ｂ社は業務委託後、速やかにＡとの間で報酬額を協議し合意する努力をすべきであったはずです。そのような努力をしないまま、Ａに仕事をさせて成果物の引渡しに至ったのですから、Ｂ社は、取引条件明示義務に違反していたと評価すべきです。

　このようにＢ社が提示した「10万円」という金額は３条通知として有効ではなく、Ｂ社が業務委託後、Ａとの間で報酬額を協議し合意する努力をしなかったことは、取引条件明示義務に違反しているといえます。

2　買いたたきの禁止

　本件の契約が1か月以上継続する契約であれば特定業務委託事業者の禁止行為の規制を受けるところ（法5、令1）、フリーランス法5条1項4号は、通常支払われる対価に比べて著しく低い報酬の額を不当に定めること、いわゆる「買いたたき」を禁止しています（解釈ガイドライン第2部第2　2(2)エ）。買いたたきの該当性については、四つの判断要素（解釈ガイドライン第2部第2　2(2)エ(イ)）（〔Q17〕参照）を踏まえて判断する必要がありますが、判断要素の一つとして、報酬の額の決定に当たり、特定受託事業者と十分な協議が行われたかどうかなど対価の決定方法が挙げられています。また、買いたたきに該当するおそれがある具体例として、「特定業務委託事業者の予算単価のみを基準として、一方的に通常支払われる対価より低い単価で報酬の額を定めること」（解釈ガイドライン第2部第2　2(2)エ(ウ)④）が挙げられています。

　本件において、B社が、10万円という自身の提示額に固執し、事実上Aとの話合いを拒否していたことは、「買いたたき」に該当し、違法であると考えられます。

3　AのB社に対する請求について

　本件では、B社が取引条件明示義務に違反し、買いたたきの禁止に違反しているとしても、AとB社との間で報酬の額を50万円とすることが同意されていない以上、AはB社に対して、当然に報酬50万円を請求できるわけではありません。

　そこで、商事行為の報酬請求（商512）をすることが考えられます。同条は、もともと契約が存在しない場合を想定した規定ですが、金額の定めのない契約にも適用があります（例えば、東京地判平28・5・13判時2340・83）。同条に基づく請求については、業界の基準、当事者間に推

認される合理的意思、業務の規模・内容・程度、実際に要した費用・時間等の諸事情を総合的に勘案して客観的に合理的な額が定められることになります（東京地判平3・5・30判時1408・94、東京地判平24・10・9判タ1407・295、東京地判平19・10・31（平18（ワ）10612・17797）等）。

　もっとも、裁判等でかかる請求をすることは、特定受託事業者にとっても負担となりますので、特定受託事業者が業務を受託する際には、確実に3条通知を求めることが肝要です。

第2章　事例検討　　187

〔Q50〕　デザイナー業務の再委託において、報酬の支
　　　　払遅延が発生した事例

Q　私（A）は、フリーランスとしてデザイナーの仕事をし
　　ており、C社→B社→Aという業務委託の流れの中で、
B社との間で業務委託契約を締結してします。仕事を始めた当
初から報酬の支払が遅れたり、そもそも払われなかったりしてお
り、未払報酬が100万円以上となってしまいました。何度もB社
に催促していますが、C社からの入金がないなどと言い訳をし
て、結局払ってもらえません。私は、B社又はC社に対して報酬
の支払を請求することはできないでしょうか。

A　B社に対しては、B社に成果物を納品してから60日（又
　　はC社のB社に対する支払期日から30日）が経過してい
る未払報酬の全額を請求することが可能です。C社に対しては、
①B社に資力がなく、かつ、②C社にB社に対する未払の買掛金
があれば、債権者代位権を行使することが可能ですが、当然にC
社に対して請求できるわけではありません。

　解　説

1　B社に対する請求について

　B社は、原則として、Aとの契約において、Aから成果物を受領し
てから60日以内の期間内にAに対する報酬の支払期日を定めなければ
なりません（法4①）（〔Q11〕参照）。それにもかかわらず、契約において
支払期日を定めなかった場合は成果物の受領日が支払期日となり、成
果物を受領してから60日を超える日を支払期日とした場合は成果物を

受領してから60日を経過した日の前日が支払期日となります（法4②、解釈ガイドライン第2部第2　1（2）ア③）。

　もっとも、本件では、B社はC社から委託を受けた業務をAに再委託していますので、B社がAに業務を委託した際に、元委託者の商号、氏名若しくは名称等及び元委託業務の対価の支払期日を明示した場合に限り（規則（公取委関係）6）、元委託支払期日から起算して30日以内に支払期日を定めることができます（法4③）（〔Q12〕参照）。

　B社は報酬の支払が遅れたり、そもそも払わなかったりしているとのことですが、報酬額のうち、契約上又は上記の法律上の支払期日を実際に徒過している部分については、Aは、B社に対し当然にその全額の支払を請求することができます。なお、その際、B社がC社から支払を受けていないことは、B社のAに対する抗弁とはなりません。

2　C社に対する請求について

　フリーランス法には、再委託の場合の特定受託事業者と元委託者との法律関係に関する規定は置かれていません。したがって、特定受託事業者と元委託者との関係は、民法等の規律に従うことになります。

　本件において、AとC社との間には直接の契約関係はないので、AがC社に未払報酬の支払を直接請求することは原則できません。例外的に、B社に資力がなくAが「自己の債権を保全するため必要」があるときには、Aは、B社のC社に対する報酬請求権を代位行使し、C社に対して自らに弁済するよう求めることができます（民423）。ただし、単なる言い訳ではなく、実際にもC社から入金がない（B社のC社に対する報酬請求権が弁済等により消滅していない）ことが前提になります。

第2章　事例検討　　189

〔Q51〕　成果物を納品したにもかかわらず、報酬の支払を拒否された事例

Q 　私は、相手方からホームページのデザインの制作業務を受託しました。その際、私が制作するデザインの仕様を示してほしいと頼みましたが、相手方から「あなたはプロだから任せますよ」と言われました。私は、相手方が求めている内容を自分なりに考えながらデザイン制作を完了し、そのデータを納品したので、請求書を送付しました。しかし、相手方から「納得できるデザインではなかったので、ホームページの制作そのものをやめることにした。報酬を払うことはできない。」旨の連絡が届きました。私に任せると言っていたのに、納得いきません。私は、報酬全額を請求することはできないでしょうか。

A 　相手方は、「納得できるデザインでなかった」と主張していますが、相手方はそもそも委託したデザインの仕様を示していません。そのため、「納得できるデザインでなかった」ことをフリーランスの責任とすることはできません。そのため、フリーランスがデザイン制作を完了し、そのデータの納品まで完了している以上、報酬の全額を請求することができます。また、相手方による報酬の減額は、特定業務委託事業者の禁止行為に該当し違法となります。

解　説

1　取引条件通知義務

　ホームページのデザイン制作を発注することは、情報成果物の作成の委託（法2③一・④三）に該当します。したがって、本件の取引にはフ

リーランス法が適用されます。ホームページのデザイン制作の委託が請負か準委任かについて議論があるところですが、デザインという仕事の完成に対して報酬を支払うことを約する契約であると考え、本件では請負契約に該当するものとして説明します。

　情報成果物の制作を委託する場合、業務委託事業者は情報成果物の規格、仕様などについて、契約時にフリーランスに対して明示する必要があります（法3①、規則（公取委関係）1①三）（取引条件明示（3条通知）義務、〔Q9〕参照）。

　本件では、フリーランスから制作するデザインの仕様を明確にするように求められたのに、発注者は、「あなたはプロだから任せますよ」と述べるにとどまっており、3条通知の際に、フリーランスに委託する「給付の内容」を明示したとはいえません。このような場合、フリーランスが制作したデザインが納得できるものではなかったとしても、それをフリーランスの責任とすることはできないことになります。したがって、フリーランスがデザインの制作を完了し、データの納品まで完了している場合には、請負契約における目的物の引渡しがなされたといえますので、フリーランスは報酬の全額を請求することが可能です（民633）。

2　発注時に仕様を明示できない場合の対応

　本件で、もし発注時に、相手方が、ホームページのデザインに関して明示できないような場合（これを「未定事項」といいます。）には、発注時に明示できない理由及びこれを定めることとなる予定期日を明示し（法3①ただし書、規則（公取委関係）1④）、未定事項についてフリーランスと十分な協議をした上で速やかに定めてフリーランスに通知する方法をとるべきだったといえます（解釈ガイドライン第2部第1　1（3）ケ）（〔Q9〕参照）。

第２章　事例検討　　191

〔Q52〕　完成前のWebサイトを無断で公開され、さらに報酬の減額提示を受けた事例

Ｑ　私は、フリーランスとしてWebデザイナーの仕事をしています。相手方との間で、Webサイト制作の業務を受託しました。６か月程度作業を行い、Webサイトは完成に近づいていましたが、最終成果物はまだ納品していなかったところ、相手方は無料のWebサイト制作サービスを利用し、私が作った完成前のWebサイトのデザインデータを用いて、Webサイトを無断で公開してしまいました。このことを指摘したところ、相手方からは契約を解除すると言われ、さらに報酬額については、当初の報酬金額の５％しか支払わないと言われました。私は、相手方に対して、当初の報酬を請求することはできないでしょうか。また、著作権侵害として、当初の報酬相当額を損害賠償として請求できないでしょうか。

Ａ　Webサイトが完成に近づいていたところに相手方が一方的に契約を解除してきましたので、フリーランス法が禁止する成果物の受領拒否に該当します。そして、その完成の程度に応じた報酬請求が可能です。また、相手方が当初約束した報酬金額の５％の報酬を主張することは、報酬の減額の禁止に違反します。また、３条通知において、著作権の譲渡又は利用許諾について明示がされていない場合、フリーランスの複製権（著作21）及び公衆送信権（著作23）の侵害となると考えられます。

192　　第 2 章　事例検討

解　説

1　契約の解除、報酬請求及び損害賠償請求

　Webサイトのデザイン制作を発注することは、情報成果物の作成の委託（法2③一・④三）に該当します。したがって、本件の取引にはフリーランス法が適用されます。

　また、Webサイトのデザイン制作の委託が請負か準委任かについて議論があるところですが、デザインという仕事の完成に対して報酬を支払うことを約する契約であると考え、本件では請負契約（民632）に該当するものとして説明します。仕事の完成前の解除の場合、解除時点までに行った仕事の結果のうち可分な部分の給付によって発注者が利益を受ける時は、その部分を仕事の完成とみなし、発注者が受ける利益の割合に応じて報酬を請求することが可能です（民634）。本件では、フリーランスが制作したWebサイトのデザインが流用されている以上、完成前のデザインのみであっても可分な部分の給付がなされており、それによってWebサイトの利用という利益を受けているため、利益の割合に応じた報酬請求が可能です。利益の割合としても、完成に近づいていたことを考慮すると 5 ％では到底不足していると考えるのが合理的です。そのため、フリーランスとしては、仕様書等をベースに、制作予定であったサイトのうち完成済みの部分の割合を算出して、当初の報酬額にその割合を乗じた報酬を請求することができると考えられます。

　本件では、契約期間が 1 か月以上ですので、特定業務委託事業者の禁止行為の規制（法5）が適用されます。

　そして、特定業務委託事業者の都合により、発注を取り消すことは、「特定受託事業者の責めに帰すべき事由がないのに、特定受託事業者の給付の受領を拒むこと」（法5①一）（〔Q14〕参照）に該当します。さ

第2章　事例検討　　193

らに、特定業務委託事業者の都合により、当初定めた報酬の5％しか
報酬を支払わないことは、「特定受託事業者の責めに帰すべき事由が
ないのに、報酬の額を減ずること」（法5①二）（〔Q15〕参照）に該当し
ます。

　なお、請負契約では、仕事が完成するまでの間はいつでも契約を解
除することができます。もっとも、解除に当たりその損害を賠償する
必要があります。本件では、契約解除をされた場合には損害賠償請求
が可能です（民641）。

2　著作権の移転時期及び損害賠償請求

　著作権は、原則として著作物を製作（創作）した人（「著作者」）に
帰属します。そのため、発注者が著作者との間で著作権譲渡の合意を
していない場合には、Webサイトのデザインの著作権は著作者に帰属
することになります。なお、著作権は著作者に帰属（留保）させつつ
も、Webサイトの利用に必要な範囲で利用許諾を行うケースも珍しく
ありません。

　フリーランス法は、業務委託事業者が特定受託事業者に対し業務委
託をした場合に、特定受託事業者の給付の内容その他の事項を直ちに
特定受託事業者に対して明示することを義務付けています（法3①）（取
引条件明示（3条通知）義務）。そして、委託に係る業務の遂行過程を
通じて、給付に関し特定受託事業者の知的財産権が発生する場合に、
業務委託の目的たる使用の範囲を超えて知的財産権を自らに譲渡・許
諾させるときは、業務委託事業者は、「給付の内容」の一部として、当
該知的財産権の譲渡・許諾の範囲を明確に記載する必要があります（規
則（公取委関係）1①三、解釈ガイドライン第2部第1　1（3）ウ）。したがっ
て、そのような明示がない場合、知的財産権は特定受託事業者に留保
されており、業務委託事業者は、業務委託の目的の範囲内（給付の目
的物の使用や提供された役務の享受）でのみ、当該知的財産権の使用

ないし利用を許諾されていると解することになると考えられます。

　本件では、相手方が、一方では、著作者であるフリーランスとの業務委託契約を解除しつつ、他方で、その同意を得ずに、自ら別途制作したWebサイトにおいてフリーランスが作ったデザインデータを使用し公開することは、フリーランスが有する著作権のうちの複製権（著作21）及び公衆送信権（著作23）の侵害となると考えられます。

　また、相手方は、自ら別のWebサイトを制作する際、フリーランスのデザインデータを一部改変した可能性があります。さらに、当該Webサイトを公開する際、著作者としてフリーランスの氏名を表示せずに、デザインデータを公表した可能性があります。このような相手方の行為は、業務委託契約に別段の定め（著作者人格権の不行使、及び契約終了後の当該条項の効力の存続）がない限り、フリーランスの著作者人格権（著作18〜20）を侵害する可能性があります。

　したがって、フリーランスは、デザインデータに係る著作権又は著作者人格権の侵害を根拠に、相手方に対し損害賠償請求を行うことが可能であると考えられます。

第2章　事例検討　　195

〔Q53〕　契約上の業務以外の依頼を拒否したため、報酬全額の支払がなされなかった事例

Q　私は、フリーランスとして動画制作等の映像クリエーターをしております。この度、相手方（特定業務委託事業者）との間で企業紹介動画を制作し、2か月後に納品する内容の業務委託契約を締結し、成果物を納品し、校了報告を受けました。しかし、その後相手方から、動画制作の際に使用していた他の素材データのファイル一式の提出を求められました。私は、そのような取引の条件の約束はなかったことからこの依頼を拒否しましたが、相手方からファイル一式の提出がなかったら報酬は支払わないと言われました。私は、未払報酬の支払を請求できますでしょうか。

A　「成果物を納品し、校了報告を受け」たとされていますので、相手方は情報成果物の給付を受領したと評価でき、相手方はフリーランス法4条によって定められる支払期日に報酬を支払う義務を負い、フリーランスは未払報酬の支払を請求できます。また、取引条件に入っていなかった素材データファイル一式の提出要請は、不当な経済上の利益の提供要請の禁止に違反します。

解　説

1　報酬の支払について

（1）　報酬の支払期日

企業紹介動画制作を発注することは、情報成果物の作成の委託（法

２③一・④二）に該当します。したがって、本件の取引にはフリーラン
ス法が適用されます。そして、本件の相手方は特定業務委託事業者（法
２⑥）であるところ、特定業務委託事業者は、給付を受領した日から起
算して60日以内（給付を受領した日を算入します。）のできる限り短い
期間内で、報酬の支払期日を定める義務があります。本件では、報酬
の支払期日が明確ではありませんが、フリーランス法では業務委託の
際すなわち業務委託契約締結の際に、取引条件として支払期日を明示
する必要があるとされています（法３①）（取引条件明示（３条通知）義
務）。そして、フリーランス法に基づけば、３条通知における支払期日
が給付を受領した日から起算して60日以内に定められていたときには
その日が、給付を受領した日から起算して60日を超えて定められてい
たときには、給付を受領した日から起算して60日を経過した日の前日
が、本件における支払期日となります（法４①②）。また、本件において
支払期日が定められていなかったときは、給付を受領した日が支払期
日となります（法４②）。詳細は〔Q11〕、〔Q12〕をご参照ください。

（２）　報酬の支払義務

　本件における委託の対象である情報成果物の「給付を受領した日」
については、その特質から当事者間で争いが生じ得るところですが、
本件においては「成果物を納品し、校了報告を受け」ていますので、
この点については問題にならないと考えられます。他の素材データフ
ァイル一式については、後述のごとく委託の内容に含まれていないと
考えられますので、相手方は情報成果物の給付を受領したと評価でき
ます。

　したがって、フリーランスは、（１）で検討した支払期日において報
酬の支払を請求することができます。

2 素材データファイル一式の提出要請について

（1） 取引条件該当性

本件では、企業紹介動画を制作する際に使用していた他の素材データのファイル一式の給付が、3条通知に明示されていたかどうかを確認する必要があります。もっとも、そのような取引条件は合意されにくいと考えられます。なぜなら、素材データはフリーランスにとって業務遂行の為の一種の財産であり、容易に相手方に無償で提供するものではないからです。本件の場合も、相手方は、素材データのファイル一式の給付を要請する前に、動画の校了報告をしていますので、素材データファイル一式の給付は、取引条件の内容となっていなかったと考えられます。

（2） 不当な経済上の利益の提供要請

本件の契約は、納品日が契約の2か月後であり、1か月以上の業務委託に該当するため、特定業務委託事業者に対する禁止行為の規制を受けるところ（法5、令1）、フリーランス法5条2項1号は、「自己のために金銭、役務その他の経済上の利益を提供させること」により、「特定受託事業者の利益を不当に害」することを禁止しています（〔Q19〕参照）。本件の相手方は、フリーランスに対して素材データファイル一式の提出を求め、ファイル一式が未提出であることを理由に報酬を支払っておりませんので、「自己のために経済上の利益を提供させること」により、フリーランスの「利益を害」していると評価できます。

したがって、相手方の行為は、「不当な経済上の利益の提供要請」といえ、違法となります。

第2章　事例検討

〔Q54〕　Web制作に当たりコンサルティング料を請求された事例

Q　私は、業務委託でWebデザインの制作をしています。
私は、相手方との間でWebデザインの制作に関して受託しましたが、契約書はありませんでした。相手方から、Webデザインを委託する代わりに、業務開始後半年間、業務を遂行する上での改善点などについて相手方からコンサルティングを受けるよう求められました。私は、特にコンサルティングを受ける必要はなかったのですが、お仕事をいただくために、それに対して数万円を支払ってきました。半年を過ぎた後も、Webデザインの制作に関して業務を受託しているのですが、相手方から月1万円のコンサルティング料を求められています。私は、相手方の求めに応じなければならないのでしょうか。

A　相手方が、フリーランスに対して、仕事を与える見返りにコンサルティング料の支払を求めることは、フリーランス法が禁止する「不当な経済上の利益の提供要請」に該当するものといえますので、相手方の求めに応じてコンサルティング料の支払をする必要はありません。

解　説

1　不当な経済上の利益の提供要請の禁止

Webデザイン制作を発注することは、情報成果物の作成の委託（法2③一・④三）に該当します。したがって、本件の取引にはフリーランス法が適用されます。本件では、契約期間が1か月以上ですので、特

第2章　事例検討　　199

定業務委託事業者の禁止行為の規制（法5）が適用されるところ、フリーランス法は、「不当な経済上の利益の提供要請」を禁止しています（法5②一）（〔Q19〕参照）。「不当な経済上の利益の提供要請」とは、「自己のために金銭、役務その他の経済上の利益を提供させることによって」特定受託事業者の「利益を不当に害」することをいいます。

2　コンサルティング料の支払が経済上の利益に当たるか

　「金銭、役務その他の経済上の利益」とは、協賛金、協力金といった名目を問わず、特定受託事業者への報酬の支払とは独立して行われる金銭などの提供をいいます（解釈ガイドライン第2部第2　2（2）カ（ア））。

　本件では、相手方がフリーランスに対し、Webデザインの制作を委託する見返りに、業務を遂行する上での改善点などのコンサルティングを受けてもらいコンサルティング料の支払を求めることは、「金銭、役務その他の経済上の利益」に該当する可能性があります。

3　フリーランスの利益を不当に害するといえるか

　特定受託事業者が特定業務委託事業者に「経済上の利益」を提供することにより自身の直接の利益（「経済上の利益」を提供することにより実際に生じる利益が不利益を上回るものであって、間接的な利益を含みません。）になると判断して、自由な意思により「経済上の利益」を提供する場合には、特定受託事業者の利益を不当に害するものとはいえません。もっとも、①特定受託事業者が「経済上の利益」を提供することが、特定受託事業者の直接の利益とならない場合、②特定受託事業者が「経済上の利益」を提供することと、特定受託事業者の利益との関係を特定業務委託事業者が明確にしないで「経済上の利益」を提供させる場合には、特定受託事業者が自由な意思により直接の利益となるか判断できず、特定受託事業者の利益を不当に害するものといえます（解釈ガイドライン第2部第2　2（2）カ（イ））。

本件では、フリーランスは、相手方に対して業務を遂行する上での
コンサルティングについてコンサルティング料の支払をしています。

　しかし、①本件でのコンサルティングは、相手方からWeb制作業務
を委託する見返りにコンサルティングを受けるよう求められたもので
あり、実際に、そのコンサルティングを受けたことによりWebデザイ
ンの制作に関する取引機会が増大したなど、フリーランスに実際に生
じる利益が、不利益を上回るものともいえません。したがって、フリ
ーランスがコンサルティング料を相手方に支払うことがフリーランス
の直接の利益とならない場合といえます。

　また、②本件では、フリーランスと相手方の間に契約書の取交しは
なく、フリーランスが業務開始後半年の間に支払った数万円や半年を
経過した後に毎月相手方に支払うコンサルティング料1万円がどのよ
うな算出根拠、条件で計算されているかが不明です。したがって、相
手方が「経済上の利益」の提供とフリーランスの利益との関係を明確
にしておらず、フリーランスが自由な意思により直接の利益があると
判断できないといえます。

　したがって、相手方が、フリーランスに対して、コンサルティング
料の支払をさせることは、フリーランスの利益を不当に害するものと
いえます。

　以上により、フリーランスは、相手方の求めに応じてコンサルティ
ング料の支払をする必要はありません。

第 2 章　事例検討　　201

〔Q55〕　予定していた業務が増えても報酬が変わら
　　　　ず、逆に本来の業務以外の業務を要請された事
　　　　例

Q 　私はフリーアナウンサーをしています。番組製作会社
との間で、業務委託契約を締結していますが、特集番組
を製作する年間本数に応じて報酬（年俸）が決まっています。し
かし、予定した本数より番組数が増えても報酬は変わらず、逆に
番組数が減った場合には報酬が減らされます。また、アナウンサ
ーの業務以外にも、テレビ局に行って、番組の企画書を作成した
り、深夜まで契約書にない業務を多くこなしたりしなければなり
ません。実質的な報酬はかなり低くなっているので、契約書にな
い業務をした分の報酬の増額を番組製作会社に求めたのですが、
「局からの予算を超えるので赤字になる」と言われてしまい、そ
れ以上強く言えません。法律的に何か請求できないでしょうか。

A 　①フリーランスの責めに帰すべき事由がないのに、番
組数が増えた場合に報酬が変わらないこと、番組数が減
った場合に報酬を減ずることは、いずれもフリーランス法が禁止
する「報酬の減額」に該当する可能性があります。番組製作会社
の対応が「報酬の減額」に該当する場合には、業務委託契約に従
った報酬を請求することができます。
　②業務委託契約の内容となっていない業務を行わせることは、
フリーランス法が禁止する「不当な経済上の利益の提供要請」に
該当するため、当該業務を行う必要がありませんし、これを行う
場合には追加の費用や報酬を請求してよいでしょう。

第2章 事例検討

〔解　説〕

1　はじめに

　本件の業務委託は年俸が定められていることから、業務委託の契約期間は1か月を超えます（法5、令1）。そこで、番組製作会社の行為が、フリーランス法が禁止する報酬の減額（法5①二）（〔Q15〕参照）や、不当な経済上の利益の提供要請（法5②一）（〔Q19〕参照）に該当しないかが問題となります。

2　報酬の減額の禁止

　報酬の額を減ずることとは、特定受託事業者の責めに帰すべき事由がないのに、業務委託時に定めた報酬の額を減ずることをいいます（解釈ガイドライン第2部第2　2(2)イ）。報酬の総額はそのままにしておいて、発注数量を増加させることなどが、報酬の額を減ずることに該当すると考えられています（解釈ガイドライン第2部第2　2(2)イ(イ)⑨）。

　したがって、報酬額をそのままにして、予定した本数より多い番組数の出演を求められた場合は、フリーランス法が禁止する報酬の減額の禁止に当たるといえるでしょう。そのため、フリーランスは、番組製作会社に対して、増加番組数に応じた追加の報酬を支払うよう請求することができます。

3　不当な経済上の利益の提供要請

　不当な経済上の利益の提供要請とは、特定業務委託事業者が特定受託事業者に、自己のために金銭、役務その他経済上の利益を提供させることにより、特定受託事業者の利益を不当に害することをいいます（解釈ガイドライン第2部第2　2(2)カ）。例えば、①特定受託事業者に、要請に応じなければ不利益な取扱いをする旨示唆して金銭・労務等の

第2章 事例検討

提供を要請すること、②特定受託事業者が提供する意思がないと表明したにもかかわらず、又はその表明がなくとも明らかに提供する意思がないと認められるにもかかわらず、重ねて金銭・労務等の提供を要請することが挙げられます（解釈ガイドライン第2部第2 2（2）カ（エ））。

本件においては、フリーランスは、契約内容となっていない番組の企画書作成業務等について、提供する意思がないと表明はしていないものの、契約書にない業務をした分の報酬の増額を求めたことにより、明らかに当該業務を提供する意思がないと認められますので、当該業務について、無償で従事させることは、フリーランス法が禁止する不当な経済上の利益の提供要請に該当し得る行為といえます。

したがって、フリーランスは、契約内容となっていない企画書作成業務に従事する必要はありません。企画書作成業務を行う場合は、報酬の増額を交渉したり、企画書作成業務を契約内容とする新たな業務委託契約を締結して追加の報酬を請求するべきでしょう。

〔Q56〕 成果物の納品後にやり直しを要請された事例

Q 私は、フリーランスでフードコーディネーターをしています。この度、相手方の会社の商品（菓子等）を活かしたアレンジレシピを考案する業務を受託しました。今回、成果物の完成後に再作成を指示されないように、試作段階でレシピを提出していましたが、レシピの完成後に、試作段階において認識可能な指摘がなされ、やり直しを要請されました。私は無償でこのやり直しの要請を受けなければならないのでしょうか。

A 相手方の要請は、フリーランス法が禁止する「不当なやり直し」に該当するため、無償でやり直しの要請を受ける必要はなく、完成したレシピを提供すれば足ります。相手方の要請を受ける場合は、相手方に追加の費用や報酬等を請求してよいでしょう。

解　説

1　はじめに

　本件では、完成したレシピを相手方が受領した後に、相手方からやり直しを要請されていますので、本件の業務委託が、業務委託を行ってから1か月以上の期間が経過した業務委託であり、相手方が特定業務委託事業者である場合（法5、令1）、相手方の要請が「不当な給付内容の変更」、「不当なやり直し」（法5②二）（〔Q20〕参照）に該当しないかが問題になります。

2 不当な給付内容の変更・不当なやり直しに当たるか

「不当な給付内容の変更」及び「不当なやり直し」とは、特定業務委託事業者が特定受託事業者に対し、特定受託事業者の責めに帰すべき事由がないのに、特定受託事業者の給付の内容を変更させ、又は特定受託事業者の給付を受領した後に給付をやり直させることにより、特定受託事業者の利益を不当に害することをいいます（解釈ガイドライン第2部第2　2（2）キ）。

そして、料理のレシピは、当該料理の完成に至るまでの文章や写真により構成されていますので、「文字、図形若しくは記号若しくはこれらの結合又はこれらと色彩との結合により構成されるもの」として情報成果物（法2④三）に該当します。そして、情報成果物の作成委託においては、特定業務委託事業者の価値判断等により評価される部分があり、事前に委託内容として給付を充足する条件を明確にしておくことが不可能な場合があるため、成果物完成後に特定業務委託事業者がやり直しを要請することがやむを得ない場合もあります（解釈ガイドライン第2部第2　2（2）キ（カ））。しかし、取引の過程において、委託内容について特定受託事業者が提案し、確認を求めたところ、特定業務委託事業者が了承したので、特定受託事業者が当該内容に基づき、製造等を行ったにもかかわらず、給付の内容が委託内容と適合しないとする場合は、不当な給付内容の変更又は不当なやり直しに該当すると考えられています（解釈ガイドライン第2部第2　2（2）キ（オ））。

本件のレシピは、相手方の価値判断等により評価され、事前に委託内容として給付を充足する条件を明確にしておくことが難しい情報成果物です。そのため、相手方から成果物の完成後に再作成を指示されないように、フリーランスは試作段階でレシピを提出していたのですから、これに対して相手方が異議等を述べていなかったのであれば、相手方によるやり直しの要請は、フリーランスがそれまでに行った作

業が無駄になり、フリーランスの利益を不当に害するものといえます（解釈ガイドライン第2部第2　2（2）キ（ウ））。そして、本件では、フリーランスの給付の内容が3条通知に記載された給付の内容と適合しないというようなフリーランスの責めに帰すべき事由（解釈ガイドライン第2部第2　2（2）キ（エ）参照）も見当たりませんので、本件における相手方の要請は、「不当なやり直し」に当たるといえます。

　したがって、フリーランスは、無償でやり直しの要請を受ける必要はなく、完成したレシピを提供すれば足ります。相手方のやり直しの要請を受ける場合には、相手方に対して追加の費用や報酬等を請求することもできます。

第2章　事例検討　　207

〔Q57〕　相手方の事情により成果物の納期が遅延した にもかかわらず損害賠償を請求された事例

Q 　私は、フリーランスとして３Ｄモデルの作成の仕事を しております。この度、相手方から、３Ｄモデルの作成 を業務委託で受注し、相手方に都度確認をしながら作業を進めて いました。しかし、作業途中で相手方の方針が変わったり、何度 も修正が入ったりしたことから、本来の納期に間に合わせること ができませんでした。そこで、相手方と打合せをし、本来の納期 から半年後に納品することを約束しました。しかし、その後相手 方から、「本来の納期に遅れたため、損害賠償請求をする」といわ れました。納期が遅れたのは相手方の事情であるのに、損害賠償 請求に応じなければならないでしょうか。

A 　当初契約の納期に遅れた原因が相手方にあるため、受 注者である本件フリーランスが損害賠償請求に応じる必 要は原則としてありません。また、特定業務委託事業者が方針の 変更等を理由に一方的に、「給付の内容を変更し又はやり直させ、 特定受託事業者の利益を不当に害すること」は禁止されていま す。さらに、損害賠償請求を理由にフリーランスの報酬が減額さ れた場合には、相手方が「報酬の減額」の禁止に違反する可能性 があります。

解　説

1　発注者側に帰責性がある損害賠償請求

　本件フリーランスが業務委託契約に基づき、誠実に債務を履行して

いたにもかかわらず、作業途中で相手方の方針が変わったり、何度も修正が入ったりしたことが原因で、納期に間に合わせることができなかったのであれば、債務不履行（納期までに納品することができなかったこと）につきフリーランスに帰責事由がなく、相手方の損害賠償請求は認められません。

2　フリーランス法への抵触可能性

　フリーランス法は、特定業務委託事業者と特定受託事業者間で締結された業務委託契約が、1か月以上の継続的業務委託である場合、特定受託事業者の責めに帰すべき事由がないのに「給付内容を変更し又はやり直させ、特定受託事業者の利益を不当に害すること」を禁止しています（法5②二、令1）（〔Q20〕参照）。相手方の方針変更を理由に、本件フリーランスに一方的に、事前に明示した3Dモデルの仕様を変更させたり、3Dモデル作成のやり直しをさせたりする行為は、「給付内容を変更し又はやり直させ」る行為に該当します。これらの行為により、本件フリーランスが行った作業が無駄になり、追加で発生した作業の費用を相手方が負担しない場合には、「特定受託事業者の利益を不当に害する」ため、相手方はフリーランス法に違反します。

　また、フリーランス法は、特定業務委託事業者と特定受託事業者間で締結された業務委託契約が、1か月以上の継続的業務委託である場合、特定受託事業者の責めに帰すべき事由の無い「報酬の減額」を禁止事項として定めています（法5①二、令1）（〔Q15〕参照）。相手方がフリーランスに対し、事前に明示された報酬額から損害賠償請求権があることを理由に一方的に報酬を減額した場合には、相手方は報酬の減額の禁止に違反します。

3 トラブルを防ぐために

　フリーランス・トラブル110番の相談事例においては、発注者が一方的に給付の内容を変更したか、やり直しをさせたか否かが争点になる場合が多いです。そこで、フリーランスの方は発注者から一方的な仕様の変更指示、やり直しを命じられた場合には、そのやり取り（PCメールやLINE、SNSのダイレクトメッセージ等）を全て保存しておくとよいでしょう。発注者の変更指示等が原因でやむを得ず納期が延びてしまった場合には、納期が延びた原因と納期が延びた原因が発注者にある旨の書面を、発注者に作成してもらうとなおよいです。訴訟で損害賠償を争う場合も、行政機関に違反の事実を申し出る場合でも、客観的証拠の存在が結論を左右することに留意すべきです。

　発注者側は、業務委託をした際にフリーランスに明示した「給付・役務の内容」について、細かな部分の変更や、やり直しを求めた場合であっても、フリーランスに甚大な不利益を与え、フリーランス法に違反する可能性があることに留意すべきです。業務委託をした後にフリーランスに「給付・役務の内容」の変更ややり直しを求める場合には、細かい部分であっても、フリーランスに過大な負担とならないか、これにより余計な費用がかからないか、確認をとりフリーランスの承諾を得てから依頼をすべきでしょう。

第2章　事例検討

〔Q58〕　契約期間の途中でラジオのパーソナリティの
　　　　出演の降板を告げられた事例

Q　私は、ラジオのパーソナリティとして出演しているタレントです。芸能事務所に所属せず、地元のラジオ局との間で半年間の業務委託契約を締結しラジオ番組に出演していました。しかし、番組改編期でもないのに、ラジオ局の自局のアナウンサーを育成したいからという理由により電子メールを通じて突然、来週の放送をもって降板するよう告げられました。私としては契約期間満了による降板であれば受け入れられるのですが、番組改編期以外の降板は悪いイメージがつくため受け入れ難いものがあります。しかし、期間満了まで待ってもらえないかと相手方に伝えても、受け入れてもらえませんでした。契約書には期間途中の契約解除の条項は特にありませんでしたが、私は、法律上、相手方に対して主張できることはないでしょうか。

A　自局のアナウンサーを育成したいという理由で、契約期間の途中で業務委託契約を解除していることは、フリーランス法5条2項2号が定める不当な給付内容の変更に該当します。また、突然の中途解約をしている点もフリーランス法16条違反に該当します。本件では、フリーランス法に違反しているからといって契約解除の私法上の効力を否定できないとしても残存期間に係る損害賠償請求を行うことができる可能性があります。

解　説

1　フリーランス法上の問題

　アナウンサーとしてラジオ番組への出演を委託することは、役務の

第2章　事例検討　　211

提供の委託（法2③二）に該当します。したがって、本件の取引にはフリーランス法が適用されます。そして、本件のラジオ局は、特定業務委託事業者（法2⑥二）に該当すると考えられるところ、タレントとの間で締結している業務委託契約は6か月の期間となっていますので、「継続的業務委託」に該当します（法13①、令3、解釈ガイドライン第3部2）。

　まず、本件の解除が、自局のアナウンサーを育成したいという理由であり、解除の理由はフリーランスに責任がありません。そのため、契約期間の途中で、フリーランスの責任がないのに、契約を解除していることになり、満了前に、フリーランス法5条2項2号が定める不当な給付内容の変更に該当しますので、フリーランス法に違反する行為といえます。

　また、本件では「継続的業務委託」に該当しますから、本件のラジオ局が本件契約を解除しようとする場合、タレントに対して、原則として少なくとも30日前までに、その予告をしなければなりません（法16①、解釈ガイドライン第3部4（1）・（2））（〔Q25〕参照）。本件では、突然、来週の放送で降板するよう通知されていますので、フリーランス法16条にも違反する行為といえます。

　以上のとおりですので、期間途中でフリーランスの責任がないのに契約を解除されたことを問題とするのであれば、公正取引委員会にフリーランス法5条2項2号に違反する行為があったと申出をすることができます。

2　私法上の効力

　本件のようにフリーランス法5条の禁止行為に違反したり、フリーランス法16条の事前予告に違反する行為がありますが、フリーランス法に基づき特定業務委託事業者が負うのは公法上の義務にすぎませんので、フリーランス法に違反するからといって、私法上の解約の効力

が発生しないという効果が直ちに認められるわけではありません。

　そのため、これらの場合、ラジオ局は、民法651条1項ないし当該解約予告条項に基づき契約を任意で解約することができるということになります（〔Q26〕参照）。

　契約の解除の効力は否定できないとしても、委託契約を相手方の不利な時期に解除したことについての民法651条2項に基づく損害賠償請求をすることを検討する必要があります。本件における解約は、ラジオ局の自局のアナウンサーを育成したいという理由から行われています。つまり、何らかの理由により出演番組がそもそも放送休止となる等、タレントの出演継続が困難となるような事情がうかがわれないことから、「やむを得ない事由」（民651②柱書ただし書）は認められないと考えられます。

　本件ではタレントがあらかじめラジオ局との間で締結した業務委託契約において、出演予定日程・回数が定められていることに加え、当該日程にかかる出演が、事前の出演打合せ等においてラジオ局から確約されていたような事情があり、タレントにとっても当該番組に出演するために他の仕事を入れないように調整したような場合には、相手方の不利な時期に解約したことによる損害賠償として、残存期間の報酬分の損害賠償請求が認められることも、場合によってはあり得るでしょう。

第2章　事例検討　　213

〔Q59〕　発注者のために受託の態勢を整えていたにもかかわらず、一方的に解約された事例

Q　　私は、フリーランスとして漫画家の仕事をしています。この度、ある相手方との間で業務委託契約を締結しました。この相手方からは、これまでにも、業務委託を受ける前に、他の仕事を受けないように求められることが多かったため、半年先までの期間の他の仕事を断って、相手方のために仕事を引き受ける態勢を整えていました。ところが、その業務の委託を受けて数か月後、突然、契約を一方的に解約されました。それが原因で、私の収入は激減することになりました。契約解除の理由は、相手方の体制を変更することが理由としか説明してくれませんでした。私は、本来得べかりし報酬（相当額）を請求することはできないでしょうか。

A　　本件の契約を請負契約と解釈する場合、フリーランスに責任がないのに成果物を納品する前に契約解除することはフリーランス法上の受領拒否に該当します。この場合、相手方に対して、相手方の都合により途中で契約を解約されたことによる損害賠償請求ができる可能性があります。本件の契約を準委任契約と解釈したとしても、期間途中でフリーランスの責任がないのに契約を解除することは、不当な給付内容の変更に該当します。漫画家が相手方の仕事に専従するような関係性が認められることから、解約後に発生することが想定された仕事量や単価に基づいて、損害賠償請求が認められる可能性が相当程度あります。

第 2 章　事例検討

解　説

1　フリーランス法の適用

漫画の制作を発注することは、情報成果物の作成の委託（法2③一・④三）に該当します。したがって、本件の取引にはフリーランス法が適用されます。

本件の契約を請負契約と解釈する場合、フリーランスに責任がないのに成果物を納品する前に契約解除することはフリーランス法上の受領拒否に該当します。

本件の契約を準委任契約と解釈したとしても、期間途中でフリーランスの責任がないのに契約を解除することは、不当な給付内容の変更に該当します。

そして、本件の相手方が特定業務委託事業者（法2⑥）に該当する場合、相手方との業務委託契約が6か月の期間であり「継続的業務委託」（法13①、令3、解釈ガイドライン第3部2）に該当することから、相手方は、漫画家に対して、少なくとも30日前までに、解除等の予告義務を負うことになります（法16①、解釈ガイドライン第3部4（1）・（2））（〔Q25〕参照）。したがって、相手方が突然、契約を一方的に解約することは、フリーランス法16条に違反することとなります。

以上のとおりですので、期間途中でフリーランスの責任がないのに契約を解除されたことを問題とするのであれば、公正取引委員会にフリーランス法5条2項2号に違反する行為があったと申出をすることができます。30日前の予告なく契約解除されたことを問題とするのであれば、厚生労働省にフリーランス法16条1項に違反する行為があったと申出をすることができます。

2　得べかりし報酬分の支払請求の可否

（1）　受託者の救済の必要性

本件の契約の性質については議論があるところです。すなわち、漫

画の制作という仕事を完成することが契約内容となっているとみれば、請負契約（民632）であると解することができますし、漫画の制作行為という委任事務を処理し、その成果物として漫画を納入し、それに対して報酬を支払うという契約内容となっているとみれば、準委任契約（民656・644・648の２）であると解することができます。以下、場合を分けて説明します。

相手方による解除がフリーランス法５条の禁止行為やフリーランス法16条１項に違反しているとしても、同法違反の私法的効力は解釈に委ねられ、同条に基づき特定業務委託事業者が負うのは公法上の義務にすぎないとする見解もあります（〔Q26〕参照）。したがって、契約期間内において任意解約を排除するような条項が定められていなければ、相手方は、上記見解に基づいて民法641条ないし民法651条１項に基づいて契約を任意で解約することができること、及び、民法634条２号（準委任については成果完成型の形態と認められるので同条同号を648条の２第２項により準用）に基づき漫画家には解約時点までに納入した漫画に対する報酬だけ支払えば十分であることを主張してくることが予想されます。

しかし、漫画家が半年先まで他の仕事を断っていた事情からするとすぐに他の仕事を見つけて生活の糧を得ることは容易ではありません。そこで、解約の効力発生以後に得べかりし報酬分について損害賠償請求をすることにより、漫画家の救済が図られる必要があるとも思われます。

（２）　請負契約の場合における損害賠償請求の可否

請負人は、任意解除がされた場合には、注文者に対して、これにより生じた損害の賠償を請求することができます（民641）。そして、損害賠償の範囲については、履行利益（請負人が仕事を完成した場合に得られたであろう利益）に及ぶと解釈されています（我妻榮ほか『我妻・有

泉コンメンタール民法―総則・物権・債権―［第8版］』1366頁（日本評論社、2022年））。

　したがって、請負契約と認められる場合は、解約時点以降に仕事を全て完成した場合に本来得べかりし報酬分について損害賠償請求をすることができます。

　（3）　準委任契約の場合における損害賠償請求の可否

　準委任契約の場合は、民法651条2項に基づき損害賠償請求を行うことになりますが、本件においてそもそも漫画の使途がなくなるといった事情等がない限りは、「やむを得ない事由」（民651②柱書ただし書）は認められないと考えられます。そうすると、「相手方（漫画家）に不利な時期に委任を解除したとき」（民651②一）に該当するものとして、解約時点以降の残存期間において本来得べかりし報酬分が「損害」に含まれるかが本件では中心的な問題となります。

　この点について、解除の時期が不当でない限りは受任者の得べかりし報酬は原則として損害に含まれないとする見解もあります。他方、裁判例においては、労働法的な考慮をして、残存期間分の報酬分の損害賠償を認めるものもあります（東京地判平26・9・19判時2251・92、東京地判平27・11・5判時2300・121等）。

　本件では、相手方が漫画家に対して他の仕事を受けないように求め、それを受けて漫画家が半年先までの仕事を断って、相手方のために仕事を引き受ける態勢を整えていたという事情があります。つまり、相手方及び漫画家の双方において、有期雇用労働者のように仕事に専従することを認識していたような事情があったといえます。したがって、労働法的な考慮により、相手方が漫画家に対して契約上発注することが想定されていた仕事量や単価に基づいて算出される本来得べかりし報酬分が、「相手方（漫画家）に不利な時期に委任を解除したとき」の「損害」に含まれると解して、損害賠償請求できる可能性が相当程度あるといえるでしょう。

第2章　事例検討　　217

〔Q60〕　相手方に攻撃的な発言、指示をなされたため、体調不良となった事例

Q 私は、フリーランスとしてシステムエンジニアの仕事をしており、相手方（会社）からシステムエンジニアとしての業務を受注していました。契約期間は1年（事前の告知がない限り自動更新）でした。ところが、イレギュラーな事態が生じたのを契機として、相手方の担当者が仕事の進め方に口出しをしてくるようになり、無報酬で深夜早朝に追加作業を行うように指示してきたり、「この業界で働けなくしてやる」等の攻撃的な発言、指示を繰り返したりするようになりました。これに対して、私は、相手方に対して、このようなハラスメント行為があったことについて当該担当者のハラスメントを止めるように注意してほしいと申し入れましたが、相手方は私がフリーランスだからといって私の申入れを全く聞いてくれませんでした。その後も改善はなされず、現在、このことが原因でうつ病に罹患し働けない状況になってしまっており、相手方に対して損害賠償等の請求を行いたいです。

A まず、相手方が無報酬での追加作業の実施を指示した点については、不当な経済上の利益の提供要請並びに不当な給付内容の変更及び不当なやり直しに該当する可能性が高く、また、相手方の担当者からの攻撃的な発言、指示などパワーハラスメントに該当する行為が繰り返され、フリーランスから相手方に対して対応を求めたにもかかわらず放置した点については、フリーランス法におけるハラスメント対策義務に違反しま

す。また業務委託契約における安全配慮義務違反に該当する可能性があります。また、労災保険に特別加入されていた場合には、治療費等は、労災保険の対象となる可能性が高いといえます。

解　説

1　無報酬での追加作業の指示を出した点について

（1）　フリーランス法の適用

システムエンジニアとしての業務を委託することは、情報成果物の作成の委託（法2③一・④一）に該当します。そして、相手方は従業員と思われる担当者がいることから、特定業務委託事業者（法2⑥）であると考えられます。したがって、本件の取引にはフリーランス法が適用されます。また、本件では、契約期間が1か月以上ですので、特定業務委託事業者の禁止行為の規制（法5、令1）が適用されます。以下、各禁止行為の該当性について検討いたします。

（2）　自己のために金銭、役務その他の経済上の利益を提供させることへの該当性

無報酬で深夜早朝に追加作業を行うように指示してきたことが、「自己のために金銭、役務その他の経済上の利益を提供させること」（法5②一）（不当な経済上の利益の提供要請）に該当しないかが問題となります。不当な経済上の利益の提供要請には、購買・外注担当者等、業務委託先の選定又は決定に影響を及ぼすこととなる者が、フリーランスに何らの利益もなく、金銭・役務等の提供を要請することも含むものとされております（解釈ガイドライン第2部第2　2（2）カ（エ）①）（〔Q19〕参照）。

そして、本件において、相手方の担当者による無報酬での追加作業の指示は、フリーランスに何らの利益もなく労務等の提供を要請した

といえるので、不当な経済上の利益の提供要請に該当する可能性が高いといえます。

（3）　不当な給付内容の変更及び不当なやり直しへの該当性

無報酬で深夜早朝に追加作業を行うように指示してきたことが、不当な給付内容の変更及び不当なやり直し（法5②二）に該当しないかについても問題となります。不当な給付内容の変更及び不当なやり直しは、①フリーランスに帰責事由なく、②フリーランスの給付の内容を変更し又はフリーランスからの給付受領後に給付された物のやり直しをさせ、③②によりフリーランスの利益を不当に害した場合に当てはまるものとされております（〔Q20〕参照）。

そして、①については、給付を受領する前にフリーランスの要請によりその内容を変更する場合、給付を受領する前にその内容を確認したところ、3条通知（法3①）に記載された「給付の内容」と適合しないこと等があったとして給付の内容を変更させる場合及び給付を受領した後、その内容が当該通知に記載された「給付の内容」と適合しないこと等があるため、やり直しをさせる場合の3点に該当する場合に限り、フリーランスに帰責事由があるものとされており、③についても、当初予定されていなかった追加の作業を無報酬で依頼する場合には、フリーランスを不当に害するものとされております（解釈ガイドライン第2部第2　2（2）キ（ウ）・（エ））。

本件において、上記の3点に該当する事情が存在しないにもかかわらず、担当者が、当初予定していなかった追加作業を追加の費用を支払うことなく指示している場合には、本件における相手方の担当者による無報酬での追加作業の指示は、不当な給付内容の変更及び不当なやり直しに該当する可能性が高いといえます。

（4）　結　　論

したがって、当該指示は、上記のとおり、フリーランス法5条2項

1号及び2号に反する可能性が高いため、公正取引委員会又は中小企業庁長官に対して、適当な措置をとるべきことを求める旨の申出を行うことができるものといえます。

2 担当者のハラスメント行為について何ら対応をとらなかった点について

（1） フリーランス法上のハラスメント対策義務違反

相手方の担当者の一連の行為は、フリーランス法におけるパワーハラスメントの定義（法14①三参照）等を踏まえると、パワーハラスメントに該当する可能性が高く、これに対しての相手側の対応が、フリーランス法におけるハラスメント対策義務違反（法14）に該当しないかが問題となります。

フリーランス法においては、特定業務委託事業者に対して、フリーランスの就業環境が害されることのないよう、必要な体制の整備その他必要な措置を講じることをハラスメント対策義務として課しております（法14、指針第4 5）（〔Q22〕参照）。具体的な対策義務の内容の一つとして「業務委託におけるハラスメントに係る事後の迅速かつ適切な対応」が定められており、これは、相談担当者等による事実関係の確認や事実確認後のパワハラを行った者の配置転換等（指針第4 5（3）ハ①）などを指すとされております。そのため、仮に相手方において、業務を委託したフリーランスからのハラスメントがあったことの申入れがあったにもかかわらずこれを放置した場合、ハラスメント対策義務に違反したものといえます。

本件において、相手方の担当者の行為は、相手方はフリーランスからのハラスメントを受けたという申出に全く対応することなく、担当者への聴き取りや担当者の配置転換など事後に適切な措置を何らとっていないことから、相手方にはフリーランス法が定めるハラスメント

対策の措置違反があったといえます。そのため、相手方に適切な措置をするよう都道府県労働局に申出をすることができます。

（２）　私法上の損害賠償請求について

発注者側の代表者によるフリーランスへのパワーハラスメント・セクシュアルハラスメント行為について、実質的に、会社の指揮監督の下で会社に労務を提供する立場にあったものと認められることから業務委託契約上の安全配慮義務があるとした上で、一連の行為について安全配慮義務違反があるものとして、債務不履行に基づく損害賠償請求を認めた裁判例があります（東京地判令４・５・25労判1272・81）。この裁判例を踏まえると、本件においても、実質的に相手方の指揮監督の下で労務を提供したといえる場合には、フリーランスによる相手方に対する安全配慮義務違反を理由とした債務不履行（民415）に基づく損害賠償請求が認められる可能性が高いといえます。

3　労災保険の特別加入について

フリーランス法施行後には、フリーランスも一定の要件を満たせば、労災保険に特別加入することができるものとされております（労災33三、労災則46の17十二参照）。労災保険の適用対象となるのは、業務に起因した疾病であり、本件は、フリーランスとしての業務を行っていた際にうつ病に罹患した事案であることから、その疾病が業務に起因したかどうかが問題となり、フリーランスの場合には、その判断は労働者に準ずるものとされております（令６・４・26基発0426第２　２（５）（イ）参照）。そして、労働者の場合、精神疾患について、業務に起因する疾病に当たるか否かは、主に対象疾病の発病前おおむね６か月の間に、業務による強い心理的負荷が認められるかで判断されます。「心理的負荷による精神的障害の認定基準」（令５・９・１基発0901第２）には、パワーハラスメントにより強い心理的負荷がかけられていたことが認め

られる具体的な言動が記載されています。例えば、①必要以上に長時間にわたる厳しい叱責、他の労働者の面前における大声での威圧的な叱責など、態様や手段が社会通念に照らして許容される範囲を超える精神的攻撃、②業務上明らかに不要なことや遂行不可能なことを強制する等の過大な要求などが挙げられています。

　本件において、フリーランスが労災保険に特別加入していた場合、フリーランスが相手方の担当者から強い心理的負荷がかけられていたと評価されれば、今回の精神疾患について業務に起因するものとして、労働者の場合と同様に労災保険が適用される可能性が高いといえます。

　したがって、労災保険に特別加入されている場合には、損害賠償請求訴訟の長期化により経済的補償が直ちに受けられない事態を避けるためにも、労災保険の請求手続を行うのも一つの方法として考えられます。

第2章　事例検討　　223

〔Q61〕　他のフリーランスからパワハラを受けた事例

Q 私は、フリーランスとしてAD（アシスタントディレクター）をしており、テレビ番組制作会社との間で業務委託契約を締結し、業務を行っておりました。しかし、同じフリーランスである演出家からパワハラを受けました。その演出家は私と同じテレビ番組制作会社から長年委託を受けている方です。具体的には、演出家からの電話にすぐに出ないと「バカ！早く電話に出るんだ」と繰り返し怒られたり、その演出家から、終電で帰った翌日に朝7時に現場に行くことを求められたり、その演出家に携帯を取り上げられ、LINEなどの履歴を見られ、他のスタッフと悪口を言っていないか確認されたりしました。その結果、体調不良となり、病院で適応障害と診断され、業務ができなくなっています。私は、演出家のみならず、テレビ番組制作会社に対して損害賠償を請求できないでしょうか。

A 演出家の一部の言動はパワーハラスメントに該当するため、演出家のみならず、テレビ番組制作会社に対して安全配慮義務違反又は不法行為（使用者責任）に基づき損害賠償を請求することができます。

解　説

1　パワーハラスメント該当性

（1）　パワーハラスメントの意義

業務委託におけるパワーハラスメント（パワハラ）とは、業務委託

に関して行われる①取引上の優越的な関係を背景とした言動であって、②業務委託に係る業務を遂行する上で必要かつ相当な範囲を超えたものにより、③特定受託業務従事者の就業環境が害されるものであり、①から③までの要素をすべて満たすものをいいます（法14①三、指針第4　4（1））。この点、フリーランス指針におけるパワハラの意義は、後述する不法行為責任、債務不履行責任に直ちに結びつくとは言い切れませんが、一定の参考とすることができますので、この定義を基に解説をいたします。

（2）　本件への当てはめ

本件で、ADは、業務を行うに際して、演出家からの電話にすぐに出ないと「バカ！早く電話に出るんだ」と怒られたり、終電で帰った翌日に朝7時に現場に行くことを求められたり、また、演出家に携帯を取り上げられ、LINEなどの履歴を見られ、他のスタッフと悪口を言っていないか確認されたりしています。

まず、演出家は、テレビ番組全体をまとめ上げるために企画や編集等の総監督を行うことが一般的です。本件の演出家もそのような業務を行っている場合には、演出家の上記各言動は「業務委託に係る成果物の確認...を行う者による言動」（指針第4　4（2））として「取引上の優越的な関係を背景とした」言動（上記（1）①）に該当します。

次に、演出家の上記各行為のうち、ADが終電で帰宅した翌日に朝7時に現場に行くことを求めることは、その回数や頻度に照らし、業務遂行上やむを得ないものであれば、「過大な要求（業務委託に係る契約上明らかに不要なことや遂行不可能なことの強制・仕事の妨害）」（指針第4　4（5）ニ）には当たらないと評価される余地があります。

一方、ADが電話にすぐに出ない際に「バカ！」と繰り返し怒る行為については、その頻度や継続性の程度に照らし、ADに対する「人格を否定するような言動」として「精神的な攻撃」（指針第4　4（5）ロ）に

当たると評価される可能性があります。また、スタッフと悪口を言っていないかの確認のためにADの携帯を取り上げ、LINEなどの履歴を見る行為については、明らかに業務上の必要性がないものであり、「過大な要求（業務委託に係る契約上明らかに不要なことや遂行不可能なことの強制・仕事の妨害）」（指針第4　4（5）ニ）に当たると評価できます。また、LINEなどの履歴はプライバシーに関する情報であり、「個の侵害（私的なことに過度に立ち入ること）」（指針第4　4（5）ヘ）に当たるとの評価も考えられます。そのため、これらの言動は「業務委託に係る業務を遂行する上で必要かつ相当な範囲を超えた」言動（上記（1）②）に該当します。

　そして、ADは演出家の上記各行為が原因で体調不良となり、適応障害との診断を受け、業務に従事することができず、「就業環境が害され」ています（上記（1）③）。

　上記の事情に照らせば、演出家がADに対して電話にすぐ出ない際に「バカ！」と繰り返し怒る行為及びスタッフと悪口を言っていないかの確認のためにADの携帯を取り上げ、LINEなどの履歴を見る行為はパワーハラスメントに該当するといえます。

2　損害賠償請求の可否

（1）　損害賠償請求の根拠

　パワーハラスメントにより、適応障害に罹患したことを理由として、テレビ番組制作会社に対して、債務不履行ないし不法行為に基づく損害賠償請求を提起することが考えられます。

　損害賠償請求の根拠としては、業務委託契約における安全配慮義務違反に基づく債務不履行責任（民415①）が考えられます。また、パワーハラスメントとなる言動を行った者に対する不法行為責任（民709）や、テレビ番組制作会社に対する使用者責任（民715①）を根拠とすることも考えられます。

（2）　安全配慮義務

　安全配慮義務は特別な社会的接触の関係に入った当事者間におい
て、信義則上負う義務とされています（陸上自衛隊八戸車両整備工場事件＝
最判昭50・2・25民集29・2・143）。

　最近の裁判例でも、業務受託者に対する安全配慮義務違反を理由と
して、損害賠償責任を認めたものがあります（アムールほか事件＝東京地
判令4・5・25労判1269・15）。この裁判例では、業務受託者が事業者（会
社）の代表者から指示を受けながら業務を遂行しており、実質的には
事業者の指揮監督のもとで労務を提供する立場にあったことを認定
し、事業者は、業務受託者がその生命、身体等の安全を確保しつつ労
務を提供することができるよう必要な配慮をすべき信義則上の義務を
負っている旨判示しています。同裁判例は、事業者と業務受託者との
間の社会的接触関係について言及していませんが、実質的な指揮監督
関係を認定しており、安全配慮義務の前提となる社会的接触関係が肯
定され得る事案であったと解されます。

　本件でも、テレビ番組制作会社の指示を受けて業務を遂行するなど、
実質的な指揮監督関係が認められれば、テレビ番組制作会社は安全配
慮義務を負うと解されます。テレビ番組制作会社がハラスメントの言
動を事前に抑止できたにもかかわらず、これを抑止せず、ADが適応
障害に罹患したといえる場合には、安全配慮義務違反となります。ま
た、ADがハラスメントの申告を行ったにもかかわらず、適切に事実
関係や相談者等に対する配慮措置が講じられず、このような対応の遅
れにより適応障害に罹患し、あるいは従前から罹患していた疾病を増
悪させた場合には、別途の損害賠償請求が認められる可能性があるで
しょう。

（3）　不法行為

　本件では、演出家によるハラスメントの言動とADの体調不良、適応障害との間に因果関係が認められる場合、演出家はADに対して不法行為責任を負うこととなります。また、この場合には、テレビ番組制作会社は使用者責任に基づく損害賠償責任（民715①）を負う可能性があります。

　使用者責任が認められるためには、使用者が被用者を実質的に指揮監督するという関係が認められる必要があります。そして、使用者との関係が雇用ではなく業務委託であったとしても、ハラスメント行為者が専門技術的な指導以外の指導業務では、使用者の指揮監督のもとで業務を遂行していた事案において、実質的な指揮監督関係を認め、ハラスメントに関する使用者責任を肯定した裁判例があります（天平フーズ事件＝奈良地判令5・5・26（令2（ワ）249））。

　本件では、テレビ番組制作会社が演出家に対して、テレビ番組制作業務のために現場での作業等を委託しています。上記裁判例と同様、演出家が専門技術的な指導以外の指導業務において、テレビ番組制作会社の指揮監督のもとで業務を遂行している場合には、テレビ番組制作会社と演出家との間に実質的な指揮監督関係が認められ、テレビ番組制作会社は演出家のADに対する不法行為について、使用者責任に基づく損害賠償責任を負うと考えられます。

228　　第2章　事例検討

〔Q62〕 取引条件が不明確であったため、著作権の所在が問題になった事例

Q 私は、相手方との間で、書籍の取材、執筆及び編集業務を受託しました。書籍の出版の前提としてサンプル作品を作成することとなり、私は早速これを作成・納品しました。契約上、「サンプル作品であっても書籍として出版する場合には、書籍としての対価を支払う」という合意をしていましたが、私が納品したサンプルが、相手方の経営する学習塾（スクール）で教材として利用されていることが判明しました。この教材はスクール内でのみ使用されており、製本化されておらず、サンプルの一部のみコピー用紙に印刷され、生徒に配布されています。この点について相手方に指摘したところ、「『書籍として出版する場合には書籍としての対価を支払う』との合意はしたが、教材利用に関する報酬の合意はしていない」とのことでした。私と相手方の間では、サンプル作品の著作権に関する取決めをしておりませんでしたが、相手方の言い分に納得できません。私は、相手方に対して、サンプル作品が書籍として出版されたとみなして、報酬（相当額）を請求することはできないでしょうか。また、サンプル作品に関する著作権を主張して、その利用料金（相当額）を請求できないでしょうか。

A 「書籍として出版」されたと解することは困難ですが、サンプル作品の著作権をスクールに譲渡していない限り、サンプル作品に関する著作権侵害を主張して不法行為に基づき利用料金相当額を請求することが可能です。

第2章 事例検討　　　229

解　説

1 「書籍として出版される場合」の解釈

　本件では契約上、「サンプル作品であっても書籍として出版する場合には、書籍としての対価を支払う」と合意されており、フリーランスが作成したサンプル作品が「書籍として出版」されたといえる場合には、当該契約に基づき、フリーランスは報酬（相当額）を請求することができます。

　そこで、「書籍として出版」の意義が問題となりますが、「出版」とは、著作権法上の出版権の定め（著作80①一）からすれば、頒布の目的をもって原作のまま印刷その他の機械的又は化学的方法により文書又は図画として複製することをいうと解されます。

　本件では、相手方はフリーランスのサンプル作品をコピー用紙に印刷し、生徒に配布していますので、スクール内での配布に留まっていたとしても、頒布の目的をもって文書を複製する「出版」に該当すると考えられます。

　もっとも、「書籍として」出版したといえるかについて、フリーランス及び学習塾を経営する相手方における契約の合理的意思解釈としては、「書籍として」出版とは、サンプル作品の一部をコピー用紙に印刷するだけでなく、製本化して頒布する場合をいうと考えられます。

　本件では、サンプル作品の一部をコピー用紙に印刷し、生徒に配布したに留まっているため、「書籍として」出版には該当せず、かかる契約上の文言を根拠として、フリーランスは報酬（相当額）を請求することはできないと考えられます。

2 著作権法上の救済

　著作権法上、たとえサンプル作品であったとしても著作物性が認め

られれば、当該作品には著作権が発生します。本件のサンプル作品についても書籍の出版の前提として作成されているものであることから、その内容は作成者の「思想又は感情を創作的に表現したもの」（著作2①一）として、著作物に当たると考えられます。

　まず問題となるのは、当該著作物に関する権利が、誰に帰属するかです。

（1）　職務著作について

　著作権法15条1項は、一定の要件の下で、法人その他使用者（法人等）の業務に従事する者が職務上作成する著作物について、法人等が著作者となることを認め、法人等に著作権・著作者人格権を認めています。「法人等の業務に従事する者」であるかどうかは、「法人等と著作物を作成した者との関係を実質的にみたときに、法人等の指揮監督下において労務を提供するという実態にあり、法人等がその者に対して支払う金銭が労務提供の対価であると評価できるかどうかを、業務態様、指揮監督の有無、対価の額及び支払方法に関する具体的事情を総合的に考慮して、判断すべき」とされています（最判平15・4・11判時1822・133）。法人等との契約関係が業務委託であり、法人等の指揮監督下にない場合には、一般的には、職務著作の要件を満たさないと判断されることが多いと思われます。そこで、フリーランスが業務委託に基づきサンプル作品を作成している本件においては、職務著作該当性が認められず、法人等には著作権は所属しないことを前提に検討します。

（2）　著作権法上の請求

　本件では、職務著作該当性が認められないことを前提とすると、フリーランスはサンプル作品の著作権を有していることになります。にもかかわらず、スクールを経営する相手方は、当該サンプル作品をフリーランスの同意なく、教材として利用しています。そこで、フリー

第2章　事例検討　　231

ランスとしては当該サンプル作品の著作権に基づいて、著作権侵害を
理由とした教材利用の差止請求又は不法行為（民709）に基づく損害賠
償請求を行うことができます。

　著作権侵害の内容は、相手方がサンプル作品をどのように利用して
いるかといった利用方法により様々です。例えば、納品されたサンプ
ル作品を複製して利用している場合には複製権侵害（著作21）、サンプ
ル作品の複製物をホームページ等で生徒に配信している場合には公衆
送信権侵害（著作23①）、配布している場合には譲渡権侵害（著作26の2
①）、サンプル作品に改変を加えている場合には翻案権侵害（著作27）な
どが考えられます。フリーランスはこれらの各著作権侵害が行われて
いることを主張して、各行為の差止請求を行うことが可能です（著作
112①）。また、差止請求に付随して、スクールが配布用に複製物等を
所有していれば、それらの複製物（「侵害組成物」といいます。）の廃
棄請求も可能です（著作112②）。

　そして、上記の著作権侵害は民法上の不法行為（民709）を構成する
ため、フリーランスは相手方に対して、不法行為に基づく損害賠償請
求として、利用料金相当額の請求を行うことが可能です。

232　　第２章　事例検討

〔Q63〕　一度納品したWeb記事について返品を受け、
　　　　契約期間満了前に中途解除をされた事例

Q　　　私（A）はフリーランスでWebに掲載する記事を作成
　　　　（ライター）しています。私は、Web記事の作成につい
て、B社と業務委託契約を締結しました。業務の内容は、１か月
ごとにWeb記事を納入するというものであり、契約期間は６か月
間でした。発注書も契約締結時に６か月分をB社から頂いていま
した。契約締結後、私はWeb記事を発注どおりに作成し、納期
までに納品していました。しかし、契約から３か月後に、B社か
ら「Web記事の閲覧数が少なく、当該テーマのWeb掲載自体を止
めることとしたので、契約を中途解除する。これまで納品した
Web記事（Webに掲載していないものを含む）は返品する」との
連絡を受けました。私は、この中途解除及び返品を受け入れなけ
ればならないのでしょうか。これを受け入れざるを得ないとし
ても、B社に対して６か月分の報酬請求又は損害賠償を請求する
ことはできないでしょうか。

A　　　B社に対して納品済みのWeb記事に相当する報酬の
　　　　請求をすることができ、返品を受け入れる必要もありま
せん。他方、納品されていないWeb記事に関する契約の解除は受
け入れざるを得ません。

解　説

1　B社に対する請求
（1）　B社との契約の法的性質
　B社に対する請求を検討するに当たっては、その前提としてAとB

社の間の業務委託契約の法的な性質を検討する必要があり、本件では、請負契約（民632）又は準委任契約（民656）のいずれかが考えられます。この点、フリーランスの業務がいずれの契約に該当するのかについては議論があるところですが（幾代通・広中俊雄編『新版注釈民法(16)債権（7）』2頁（有斐閣、1989年））、本件では、Web記事を完成させて納品することに対して報酬が支払われる契約であり、労務の提供それ自体というよりは完成物であるWeb記事の納品に主眼がある契約と見受けられますので、請負契約であることを前提に解説します。

（2） 請負契約の発注者の解除権

請負契約では、仕事を完成しない間は、注文者はいつでも契約を解除できるため（民641）、Aは、B社との契約に基づいてWeb記事を納品していない分については契約の中途解除を受け入れざるを得ませんが、本件は契約期間が6か月の継続的業務委託契約の相手方に対する契約の解除ですから、後述のごとく発注事業者は解約する30日前に予告する必要はあります。

（3） AのB社に対する報酬又は損害賠償請求の可否

中途解除を受け入れざるを得ないとしてAのB社に対する6か月分の報酬請求や損害賠償の請求は可能でしょうか。

請負契約が発注者から中途解除された場合、請負人が既にした仕事の結果が①可分であり、②注文者がこれによって利益を受けるときは、仕事の結果の割合に応じた報酬を受けることができます（民634二）。本件では、1か月ごとにWeb記事を納入するというもので仕事内容は可分であるといえるので①を満たします。

次に、可分の給付によって注文者が利益を受けるといえるかどうかは、既履行部分のみですでに一部の用途に応え得る場合のみならず、追加工事を行うことによって完成することができる場合も含まれてお

り（山本豊編『新注釈民法(14)債権(7)』202頁（有斐閣、2018年））、比較的広く解されています。本件では、納入済みの記事の一部がWeb上に掲載されていますので、既履行部分ですでに発注者の用途に応え得るものといえます。

　よって、Aは、B社に対して納品済みのWeb記事相当額の報酬を請求することができます。

　なお、請負契約が一部解除された場合の既履行部分は「仕事の完成」とみなされますので（民634柱書）、Aは、返品を受け入れる必要もありません。

2　フリーランス法の適用の検討

（1）　返品の禁止

　本件では、Web記事は、情報成果物に該当し（法2③一・④三、解釈ガイドライン第1部1（2）イ（ア）③）、契約期間が6か月ですので（令1）、特定業務委託事業者であるB社に対してフリーランス法5条1項各号の規制が及びます。

　この場合、特定業務委託事業者は、フリーランスの責めに帰すべき事由がないのに、受領後にフリーランスに給付物を引き取らせてはなりません（返品の禁止）（法5①三）。

　責めに帰すべき事由があるとして返品が認められるのは、給付の内容に委託内容と適合しないこと等がある場合で、かつ一定の期間内に返品する場合に限られます（解釈ガイドライン第2部第2　2（2）ウ（ア））。詳細は、〔Q16〕をご覧ください。

　本件では、B社が特定業務委託事業者であった場合、「Web記事の閲覧数が少ない」という理由では委託内容との不適合などが認められない可能性が高いので、Web記事の返品はフリーランス法5条1項3号に抵触します。

（2） 中途解除の予告、解除理由の説明義務

契約期間が6か月以上の継続的業務委託に該当する場合（法16①・13①、令3）、特定業務委託事業者は、少なくとも30日前までに契約の解除を書面等により予告しなければならず（法16①、規則（厚労省関係）3①）（〔Q25〕参照）、予告から契約期間満了までの間にフリーランスから請求があった場合には、解除の理由を書面等により開示しなければなりません（法16②、規則（厚労省関係）5①）（〔Q27〕参照）。

〔Q64〕 募集要項に記載された委託業務が実際には存在していなかった事例

Q 私は、自宅でライターとして活動しています。インターネットでWebライターの募集があったため申し込みました。書類選考を通過し、Web面談も実施しました。Web面談では、業務は出版社から発注された業務の再委託の業務の発注であること、業務の発注を受けるために12回の講習を受講する必要があり、受講料20万円を私が負担すべきことが説明されました。その後、受講料20万円を振り込んで、講習を終えて、3か月間の業務委託契約を締結し、実際に20本の記事を書きましたが、報酬を支払ってもらえませんでした。おかしいと思って調査をしたところ、上記の出版社からの発注は全くなかったことが判明しました。私は、未払報酬額のみならず、講習の受講料を相手方に請求することはできないでしょうか。

A 実際には業務が存在しないにもかかわらず、インターネット上でWebライターの募集を行ったことについて、フリーランス法の的確表示義務に違反する可能性があります。また、相手方が、フリーランスに対して12回の講習を受講させ、受講料20万円の負担をさせたことは、「購入・利用強制」に該当します。本件の契約が業務提供誘引販売取引に該当する場合は、契約の申込みの意思表示を取り消すことができ、これにより講習の受講料の返金を求めることができます。

第2章　事例検討　　237

解　説

1　的確表示義務について

　Webライターの業務を発注することは、情報成果物の作成の委託（法2③一・④三）に該当します。したがって、本件の取引にはフリーランス法が適用されます。本件の相手方は、特定業務委託事業者（法2⑥）に該当すると考えられるところ、フリーランス法12条は、特定業務委託事業者に対して、業務委託に係るフリーランスの募集に関する広告等の情報について虚偽の表示又は誤解を生じさせる表示をしてはならない旨を定めています（〔Q7〕参照）。

　的確表示義務の対象となる「広告等」には、新聞、雑誌その他の刊行物に掲載する広告やインターネット上のホームページ、デジタルプラットフォーム等が該当します（指針第2　1(3)）。また、的確表示の対象となる「募集情報」の事項は、①業務の内容、②業務に従事する場所、期間又は時間に関する事項、③報酬に関する事項、④契約の解除（契約の満了後に更新しない場合を含みます。）に関する事項、⑤フリーランスの募集を行う者に関する事項等です（法12、令2）。そして、「虚偽の表示」には、意図して募集情報と実際の就業に関する条件を異ならせた場合や実際には存在しない業務に係る募集情報を提供した場合が含まれるとされています（指針第2　2(1)）。

　本件では、インターネットで行われた業務受託の募集ですので、的確表示義務の対象となる「広告等」に該当します。そして、インターネット上でWebライターの募集がなされているので、業務の内容がWeb記事の作成であることが明示されていましたが、実際には委託元とされる出版社から発注された業務は存在しなかったのですから、存在しない業務に係る募集情報を提供したものといえます。また、フリーランスが20本もの記事を作成した段階になってもかかる業務が存在しないことを説明していないことからすると、かかる募集情報の提供

は意図的な行為であった可能性も十分考えられます。よって、相手方の行為は的確表示義務に違反する可能性があると考えられます。

2 購入・利用強制の禁止

　本件においては、3か月の業務委託契約ですので、特定委託事業者である相手方に対してフリーランス法5条1項各号の規制が及びます（令1）。そして、特定受託事業者の給付の内容を均質にし、又はその改善を図るため必要がある場合その他正当な理由がある場合を除き、自己の指定する役務を特定受託事業者に「強制して…利用させる」ことは、「購入・利用強制」として禁止されています（法5①五）（〔Q18〕参照）。そこで、相手方が、フリーランスに対して12回の講習を受講させ、受講料20万円の負担をさせたことが、特定受託事業者の給付の内容を均質にし、又はその改善を図るため必要がある場合その他正当な理由があったかという点が問題となります。

　本件は、そもそも出版社からの発注は全くなかったものであり、特定受託事業者の給付の内容を均質にし、又はその改善を図るため必要がある場合とはいえません。したがって、相手方の上記行為は、「購入・利用強制」に該当しフリーランス法違反に該当するものと考えられます。

3 業務提供誘引販売取引について

　特定商取引に関する法律51条は、物品の販売又は役務の提供（そのあっせんを含みます。）の事業であって、業務提供利益が得られると相手方を誘引し、その者と特定負担（消費者が負う金銭的な負担）を伴う取引をするものを「業務提供誘引販売取引」と定め、同法58条の2は、消費者が①事実と違うことを告げられた場合であって、その告げられた内容が事実であると誤認した場合、又は②故意に事実を告げら

第2章　事例検討　　　239

れなかった場合であって、その事実が存在しないと誤認した場合には、契約の申込み又はその承諾の意思表示をしたときには、その意思表示を取り消すことができます。

　この点、特定受託事業者に、消費者保護を趣旨とする特定商取引に関する法律が適用されるかが問題になりますが、同法は「相手方」の定義につき「その業務提供誘引販売業に関して提供され、又はあつせんされる業務を事業所等によらないで行う個人」に限るとしています（特定商取引58①・58の2①）。したがって、例えば、自宅の一室に私用のために置いているパソコンを使って業務を行うような場合には、一般的には「事業所等」には当たらず、このように自宅で業務を行う個人は同法の適用の対象となります（消費者庁「特定商取引に関する法律・解説」（令和5年6月1日時点版）356・357頁）。

　本件の場合、再委託を受けるために受ける必要のある受講料20万円を負担すべきという事項は、業務提供誘引販売取引を行うための経済的負担であって、「特定負担」に該当します（特定商取引52①二）。そして、「特定負担」に関する事実について故意に事実を告げないことが禁止されているところ、これを伝えなかったためにフリーランスが当該事実が存在しないと誤認することは、意思表示の取消事由に該当します（特定商取引58の2①二）。また、出版社から発注された業務の再委託を受けることができるという説明を行ったことについては、業務提供利益に関して不実のことを告げる行為として禁止されています（特定商取引52①四）。そのため、フリーランスがその告げられた内容について事実であると誤認することは、意思表示の取消事由に該当します（特定商取引58の2①二）。

　以上から、フリーランスは業務委託の契約の申込みの意思表示を取り消し、講習の受講料について返金を求めることができます。

第2章　事例検討

第4　舞台、演劇関係

〔Q65〕　労働者性が問題となった事例

Q 　私は、地域振興を目的としたアイドルグループのメンバーです。グループのメンバーは固定ではなく、イベントによって「参加」「不参加」を選択することができます。しかし、一度「参加」を選択するとチラシやWebサイトで告知されるので、その後に参加を取りやめることは事実上できません。そして、イベントの日には、グッズの販売業務も実施する必要があります。そして、元日や子どもの日など世間的に特別な日には、しつこく「参加」を求められます。私には労働基準法上の労働者性が認められますでしょうか。

A 　芸能活動者の労働基準法上の労働者性について、裁判例では、仕事の依頼に対する諾否の自由があったといえるかが重視される傾向にあります。本件でも、諾否の自由が認められるかがポイントになりますが、特に駆け出しの芸能活動者の場合には、慎重に検討する必要があるでしょう。

解　説

1　芸能活動者の労働基準法上の労働者性

労働基準法上の「労働者性の判断基準」の詳細については〔Q5〕をご参照ください。

本件の題材となっているHプロジェクト事件（東京高判令4・2・16（令3（ネ）4178）（上告棄却・不受理により確定、第一審は東京地判令3・9・7労

判1263・29））では、アイドルグループのメンバーであったＡについて、グループのイベントの９割程度に参加していたものの、イベントへの参加は、Ａがシステム上で「参加」を選択して初めて義務付けられるものであり、「不参加」を選択したイベントへの参加を強制されることはなかったのであり、イベント等に参加するなどのタレント活動を行うか否かについて諾否の自由を有していたという点を重視して、労働基準法上の労働者性を否定しています。同判決では、労働者性の判断基準のうち、諾否の自由を重視していますが、それ以外の要素についてはあまり重視しておらず、例えば、Ａに支払われていた報酬は、その活動による収益の一部を分配する性質が強く、労務対償性は弱いとしました。このように、芸能活動者の労働者性については、仕事の依頼に対する諾否の自由の有無が結論に大きな影響を与えているとみることができます（石田信平「芸能活動と労働者性」ジュリスト1594号49頁（2024年））。

2 本件の検討

本件では、イベントによって「参加」「不参加」を選択することができたということなので、イベント等に参加するなどのタレント活動を行うか否かについて諾否の自由を有していたと判断される可能性が高いと思われます。

この点について、本件では、一度「参加」を選択するとチラシやWebサイトで告知され、その後に参加を取りやめることは事実上できなかったとのことですが、前掲Ｈプロジェクト事件でも同様の事情を認定しつつも、「参加」「不参加」を選択する自由があった以上、「参加」を選択したイベントへ参加する義務があったとしても、それはイベントへの参加を決めた自らの先行行為に基づく当然の責任であり、諾否の自由の判断には影響しないと判示しています。

また、本件では、元日や子どもの日など世間的に特別な日には、しつこく「参加」を求められたとのことですが、前掲Hプロジェクト事件では、会社側からAに対して「イベントにAが必要です。学校がない日なので出演できますよね？」「不参加になってたけど、本当にそれでいいの？」「期待されているのもよく分かりますよね？では、この日Aは不参加でプロデューサーに言いますね！」などと強い語調でイベントへの参加を促された事実が認定されているものの、あくまでAにイベントへの参加を促しているものにすぎず、Aに参加を強制しているものと解することはできないとして、諾否の自由の判断には影響しないと判示しています。本件でも、しつこくイベントへの「参加」を促されていただけでは足りず、イベントへの参加を強制されていたといえる事情がなければ、諾否の自由が否定されることにはならないものと思われます。

　一方で、前掲Hプロジェクト事件判決に対しては、諾否の自由を重視しすぎているとして批判も多いところです（一審判決について、水町勇一郎「判批」ジュリスト1565号4頁（2021年）参照）。

　劇団員の労働者性を肯定した裁判例として、エアースタジオ事件（東京高判令2・9・3労判1236・35）は、一審判決が認めた裏方業務における労働者性に加えて、公演出演についても、「確かに、X〔原告〕は、本件劇団の公演への出演を断ることはできるし、断ったことによる不利益が生じるといった事情は窺われない」としつつも、「しかしながら、…まず出演者は外部の役者から決まっていき、残った配役について出演を検討することになり…、かつ劇団員らは公演への出演を希望して劇団員となっているのであり、これを断ることは通常考え難く、仮に断ることがあったとしても、それはY社〔被告〕の他の業務へ従事するためであって、…Y社の指示には事実上従わざるを得なかったのであるから、諾否の自由があったとはいえない」としました。また、「劇団員

らは、…他の劇団の公演に出演することなども可能とはされていたものの、少なくともＸについては、裏方業務に追われ…他の劇団の公演に出演することはもちろん、…アルバイトすらできない状況にあり、しかも外部の仕事を受ける場合は必ず副座長に相談することとされていた…。その上、勤務時間及び場所や公演についてはすべてＹ社が決定して…いたことなどの事情も踏まえると、公演への出演、演出及び稽古についても、Ｙ社の指揮命令に服する業務であった」として劇団員の労働基準法上の労働者性を認めました。

　本件でも、アイドルはイベント等への出演などのタレント活動を希望してアイドルとなっているのであり、これを断ることは通常考え難いという点は前掲エアースタジオ事件判決と同じであり、諾否の自由がなかったと評価することも十分可能であると考えられます。すなわち、芸能活動者が当該活動に従事することを希望して当該世界に身を置いており、当該活動に従事することによってはじめて自らの技術や技能を発展させることができ、それが当該活動者の芸能活動における成功につながるものであるとすれば、当該活動者には、仕事の依頼を拒否する自由が実質的には存在していないと評価することができると解されます。特に、いまだ駆け出しの芸能活動者であって、就労の機会を通じて自らの技術や技能等を発展させていく必要性が高い者については、諾否の自由があるかどうかの審査を通常よりも緩やかに行うことも考えられます（前掲・石田50頁）。

　このように、本件では諾否の自由が認められるかがポイントになりますが、特に駆け出しの芸能活動者の場合には、諾否の自由が実質的に認められるかどうかについて、慎重に検討する必要があるでしょう。

第2章 事例検討

〔Q66〕 劇団の内部でいじめ、嫌がらせが発生した事例

Q 私は、劇団との間で、業務委託契約を締結した上で劇団員として活動しています。入団当初は労働契約でしたが、入団6年目から業務委託契約に切り替わりました。しかし、劇団での働き方は以前と変わりません。最近になって、稽古の際に少しミスをしただけで、先輩の劇団員から「そんなこともできないなら劇団辞めたら？」等と言われ、また、必要以上に衣装の作り直しを要求されること等が増えてきました。ある時、そのことを後輩に相談したところ、「すみません、先輩方から○○さんとは会話しないようにと指示されているので…」と言われ、何も聞いてもらえませんでした。上司に当たる方に相談しましたが、「うちの劇団でそのようなことが起こるわけがない」といって取り合ってもらえず、その他劇団内に相談できる場所はありません。私は体調を崩し、うつ病と診断され、現在は自宅で療養しています。この状況を変えることはできますでしょうか。

A フリーランス法上、特定業務委託事業者はハラスメント対策義務を負っており、ハラスメントの申告に応じ、適切に対応するために必要な体制の整備その他の必要な措置を講じる義務があるとされています。劇団はかかる義務に違反しているため、フリーランスは都道府県労働局に申告し、適切な措置をとるよう求めることが考えられます。また、損害賠償請求を検討してもよいでしょう。

第2章　事例検討　　245

解　説

1　ハラスメント対策義務

　フリーランスは入団6年目から、劇団との間で業務委託契約を締結しているとのことですが、入団当初は労働契約であり、劇団での働き方が以前と変わらないのであれば、劇団との間の契約関係は、業務委託ではなく労働契約と解される可能性があります。劇団員の労働者性が肯定される場合、法令上、雇用主である劇団は、職場におけるパワーハラスメントを防止するため、雇用管理上一定の措置を講じる必要があります（労働施策推進30の2①）。

　一方、就業実態等に鑑みて、劇団員の労働者性が認められない場合であっても、フリーランス法により、特定業務委託事業者である劇団は、雇用主が負う上記義務と同様の義務を負っています。すなわち、特定業務委託事業者は、業務委託に関して行われるハラスメント行為により特定受託業務従事者の就業環境を害することのないよう、特定受託業務従事者からの申告に応じ、適切に対応するために必要な体制の整備その他の必要な措置を講じる必要があるとされています（ハラスメント対策義務（法14①）（〔Q22〕参照））。具体的には、業務委託におけるハラスメントに係る相談の申出があった場合には、事実関係を迅速かつ正確に確認するとともに、ハラスメントが生じた事実が確認できたときは、速やかに被害者に対する配慮のための措置等を適正に行う必要があります（指針第4　5（3））。

　本件において、フリーランスは上司に対してハラスメントに係る相談の申出をしていますが、「うちの劇団でそのようなことが起こるわけがない」として対応していません。したがって、フリーランスは、劇団に対し、劇団が上記義務を負うことを根拠として、適切にヒアリング等を行って事実関係を把握することを求めたり、実際に業務委託におけるハラスメントの事実が確認できた場合には、速やかに被害者

に対する配慮の措置を講じるよう求めるとよいでしょう。

　劇団がかかる措置を講じなかった場合、フリーランスは、都道府県労働局雇用環境・均等部（室）に申し出て、適当な措置をとるように求めることができます（法17①）。

2　損害賠償請求

　パワーハラスメントにより、うつ病に罹患したことを理由として、劇団に対して、治療費や休業損害のほか、慰謝料等の支払を求める損害賠償請求を行うことが考えられます。

　損害賠償請求の根拠としては、業務委託契約における安全配慮義務違反に基づく債務不履行責任（民415①）が考えられます。また、パワーハラスメントとなる言動を行った者に対する不法行為責任（民709）や、劇団に対する使用者責任（民715①）を根拠とすることも考えられます。

　以下、実務上もよく問題となる安全配慮義務について解説します。

　安全配慮義務は特別な社会的接触の関係に入った当事者間において、信義則上負う義務とされ（陸上自衛隊八戸車両整備工場事件＝最判昭50・2・25民集29・2・143）、これまでの判例・裁判例上も、個人による請負・業務委託等の事案では、事案に応じて、時間・場所についての一定の拘束、専属性、諾否の自由（和歌山地判平16・2・9労判874・64）、業務遂行の方法や時間等の指示（東京地判平22・5・14労経速2081・23）といった諸事情を考慮し、一定の指揮監督関係等の有無から、安全配慮義務の存否が決せられる傾向にありますが、最近の裁判例でも、業務受託者に対する安全配慮義務違反を理由として、損害賠償責任を認めたものがあります。

　例えば、アムールほか事件（東京地判令4・5・25労判1269・15）では、

第2章　事例検討

フリーランスが発注者からハラスメントを受けたとして、債務不履行に基づく損害賠償請求等を行った事案において、裁判所は、フリーランスが発注者専属のウェブ運用責任者として業務を委託されていたことや、発注者の指示を仰ぎながら業務を遂行していたという事情から、発注者との間には実質的な指揮監督関係があり、発注者には、業務受託者の生命・身体等の安全を確保しつつ労務を提供することができるよう必要な配慮をすべき信義則上の義務を負っていたとして、発注者による安全配慮義務の存在を認め、フリーランスによる上記損害賠償請求を認容しました。

　本件でも、劇団の指示を受けて業務を遂行するなど、実質的な指揮監督関係が認められれば、劇団は安全配慮義務を負うと解されます。劇団がハラスメントとなる言動を事前に抑止できたにもかかわらず、これを抑止せず、フリーランスがうつ病に罹患したといえる場合には、安全配慮義務違反となります。また、フリーランスがハラスメントの申告を行ったにもかかわらず、適切に事実関係やフリーランス等に対する配慮措置が講じられず、このような対応の遅れによりうつ病に罹患し、あるいは従前から罹患していた疾病を増悪させた場合には、別途の安全配慮義務違反が認められるでしょう。本件において、フリーランスは上司に当たる人に対してハラスメントに係る相談の申出をしていますが、その人は何ら対応しておらず、また、劇団内には相談できる場所はなく、ハラスメントに関する相談窓口も設けられていないようですので、ハラスメント対策義務に基づく措置が講じられていません。かかる措置が講じられてないことにより、うつ病に罹患し、あるいは従前から罹患していた疾病を増悪させたのであれば、安全配慮義務違反に基づく損害賠償請求が認められます。

第5　スポーツ指導、講師、調査員

〔Q67〕　インストラクターの労働者性

Q 私はフリーランスとしてスポーツインストラクターをしています。スポーツクラブとの契約は業務委託契約で、報酬は時間単位で計算されますが、1日の拘束時間が12時間ある上、残業代が支払われず、1週間当たり6日以上の出勤を強いられ、休暇も取れません。契約を解除したいのですが、中途解約には違約金200万円の支払が必要と言われました。私に違約金の支払義務はありますか。

A 実態に即して労働契約か準委任契約か判断されます。労働契約の場合、損害賠償予定の禁止の規制が及ぶため、違約金の支払義務はありません。準委任の場合、上記の規制は及びませんので、違約金の支払義務があります。本件の事情を踏まえると、労働契約と評価される可能性も十分にあり得るので、この場合には、違約金の支払義務を負わないこととなります。

解　説

1　損害賠償予定の禁止

　業務委託契約が準委任契約と評価される場合、契約書に中途解約違約金の定めがあるときには、公序良俗（民90）に反する事情が認められない場合には、原則として契約書どおりに違約金200万円の支払義務が生じてしまいます。他方、労働契約と評価される場合には、労働基準法16条により損害賠償の予定が禁止され、これに抵触する条項は無効となるため（労基13）、違約金の支払義務は発生しません。

2 雇用と準委任の区別基準と当てはめ

業務委託契約が労働契約と評価されるか否かは、当該契約の役務提供者が「使用されて労働し、賃金を支払われる者」（労基9）、すなわち労働基準法上の「労働者」に該当するか否かによって判断されます。

労働基準法上の「労働者」に当たるかは、昭和60年12月19日労働基準法研究会報告の掲げる要素に基づいて実態に即して総合的に判断されます（〔Q5〕参照）。

（1） 仕事の依頼、業務従事の指示等に対する諾否の自由について

仕事の依頼、業務従事の指示等に対する諾否の自由がない場合には労働者性を肯定する重要な要素となります。

本件では、シフトでの勤務であるにもかかわらず、1週間当たり6日以上の勤務を強いられているということであれば、個別の仕事に依頼に対する諾否の自由が制限されていると評価でき、労働者性を肯定する事情といえます。

（2） 業務遂行上の指揮監督の有無について

業務の内容及び遂行方法に対する指揮命令がある場合には労働者性を肯定する重要な要素となります。

本件のような業務の場合、指導内容やレッスンの進行についてインストラクター側に一定の裁量があることが多いですが、通常、雇用しているインストラクターであっても具体的な指導内容等については一定の裁量を持っていることが多いと考えられます。そのため、雇用しているインストラクターと比較して多くの裁量が与えられているのかどうか、という点や、指導やレッスン以外にどのような業務が割り当てられており、その点についてどの程度の指揮監督が及んでいるのかといった点に着目するとよいでしょう（英会話講師の事例ではありますが、NOVA事件（名古屋高判令2・10・23労判1237・18）の判旨などが参考になります。）。

（3）　勤務場所及び勤務時間の指定について

　勤務場所及び勤務時間が指定・管理されていることは、一般的には労働者性を肯定する事情となりますが、業務の性質や安全を確保する必要性等から必然的に指定・管理される場合は労働者性を肯定する事情となりません。

　そのため、本件では、スポーツクラブへの出勤が必要になるという点のみをもって労働者性を肯定する事情と評価することには慎重である必要があります。他方、1日の拘束時間が12時間で1週間当たり6日以上の出勤が求められている点は、レッスン以外の時間も拘束され、さらに労働基準法上の労働時間の制限を上回る時間的拘束があるという点で（労基32）、労働者性を肯定する事情と評価できます。

（4）　報酬の労務対償性

　報酬が時間給を基礎として計算されている等労働の結果による較差が少ない、という事情は、労働者性を肯定する事情の一つとなります（昭和60年12月19日労働基準法研究会報告第2　1（2））。

　本件では、報酬が時間単位で計算されているため、報酬の労務対償性という観点においても労働者性を肯定する事情が認められます。

（5）　他社の業務に従事することに対する制約について

　他社の業務に従事することが制度上制約され、また、時間的余裕がなく事実上困難である場合には、経済的に当該企業に従属していると考えられるために労働者性を補強する要素の一つとなります（昭和60年12月19日労働基準法研究会報告第2　2（2）イ）。本件では1日12時間、週に6日の出勤を強いられており、他社の業務に従事することが事実上困難といわざるを得ませんので、この点は労働者性を補強する要素の一つといえます。

（6）　まとめ

　以上から、個別具体的な事情によるところが大きいものの、時間的

な拘束の程度や報酬の労務対償性が認められることなどからすれば、労働者性が肯定される可能性があります。加えて、「シフトでの勤務であるにもかかわらず、1週間当たり6日以上の勤務を強いられている」、「雇用しているインストラクターと比較して裁量の程度が変わらない」、「指導やレッスンの他に、清掃、受付、入出金管理などのスポーツ指導以外の業務を割り当てられている」などの事情があれば、労働者性が肯定される可能性がより高まります。

3 雇用とされた場合

　上記の検討の結果、「労働者」（労基9）に当たると判断された場合、損害賠償予定の禁止（労基16）の規制が及ぶため、違約金の支払義務はありません。また、本件では、1日の拘束時間が12時間で1週間当たり6日以上の出勤を強いられており、1日当たりの法定労働時間8時間及び1週間当たりの法定労働時間40時間を超過している（労基32①）ため、労働基準法37条所定の割増賃金の請求が認められることになります。また、いわゆる36協定を締結していない場合、違反者刑事罰の対象となります（労基32・119一・121）。

4 準委任とされた場合

　「労働者」に当たらないと判断された場合、損害賠償予定の禁止（労基16）の規制が及ばないため、違約金の支払義務があることになります。しかし、200万円の違約金が、通常発生すると考えられる損害額と比較して著しく高いと評価されて、公序良俗違反（民90）により無効とされる余地はあります（〔Q44〕参照）。

第２章　事例検討

〔Q68〕　一定期間無償での業務を求められた事例

Q　私はフリーランスとして、語学専門学校の講師をしており、１学期（６か月）単位で報酬を設定され、語学を教えています。勤務校では本来、自分の担当している学生の期末試験の採点をすればよいことになっていたのですが、現在休職中の同じ科目の講師の担当の学生の答案も、当初の報酬の範囲内で採点してくれといわれています。私としては断りたいのですが、断って語学学校から次の学期の授業の依頼が来なくなったりしないか心配です。どうしたらよいでしょうか。

A　業務委託契約外の業務である担当しない学生の採点をさせることは、実質的に「報酬の額を減」額することに当たるものと考えられます。また、フリーランス法にて禁止されている「役務を提供」させて「利益を不当に害」することにも当たり得るといえます。そのため、業務委託契約外の行為をする必要はなく、これらを指摘して、報酬の増額交渉等をする対応が考えられます。

解　説

1　原　則

　フリーランス法３条により、特定委託事業者は、当事者間で合意した「給付の内容」を書面により、特定委託事業者であるフリーランスに対し、明示する義務が課されています。そのため、契約内容の範囲は、当該書面（３条通知）に基づいて示されます。したがって、特定

受託事業者は、業務委託契約で定められた契約内容の範囲外の行為について提供する義務を負いません。

2　フリーランス法の適用について

　講師業務は、役務の提供に該当しますので（法2③二、解釈ガイドライン第1部1(2)ウ(ア)）、特定受託事業者の契約期間が1か月以上である場合には、特定業務委託事業者に対して禁止行為の規制が適用されます（法5、令1）。本件においては、6か月単位で報酬を設定されていることから本条項が適用され、特定業務委託事業者の行為が、報酬の減額（法5①二）（〔Q15〕参照）や、不当な経済上の利益の提供要請（法5②一）（〔Q19〕参照）に該当しないかが問題となります。

3　報酬の減額の禁止

　報酬の減額とはフリーランスの「責めに帰すべき事由が」ないにもかかわらず、「業務委託時に定めた報酬の額を減ずること」をいいます（解釈ガイドライン第2部第2　2(2)イ）。具体的には、「単価の引下げ要求に応じない」フリーランスに、「あらかじめ定められた一定の割合又は一定額を報酬の額から差し引く」こと（解釈ガイドライン第2部第2　2(2)イ(イ)⑧）、「報酬の総額はそのままにしておいて、発注数量を増加させること」（解釈ガイドライン第2部第2　2(2)イ(イ)⑨）等をいいます。

　本件において、契約にない自ら担当していない学生の採点業務を同じ報酬で行わせるということは、「報酬の総額はそのままにしておいて、発注数量を増加させること」に該当するため、フリーランス法の禁ずる報酬の減額に該当します。

4 不当な経済上の利益の提供要請

　不当な経済上の利益の提供要請とは、発注者がフリーランスに、「自己のために金銭、役務その他経済上の利益を提供させること」により、フリーランスの「利益を不当に害」することをいいます（解釈ガイドライン第2部第2　2(2)カ）。「金銭、役務その他の経済上の利益」とは、協賛金、協力金等の名目のいかんを問わず、報酬の支払とは独立して行われる金銭の提供、作業への労務の提供等を含むとされております（解釈ガイドライン第2部第2　2(2)カ(ア)）。また、「利益を不当に害する」とは、フリーランスの「直接の利益とならない場合」及びフリーランスが「経済上の利益」を提供することと、フリーランスの利益との関係を特定業務委託事業者が「明確にしないで提供させる場合（負担額及び算出根拠、使途、提供の条件について明確になっていない場合や、虚偽の数字を示して提供させる場合を含む）」に不当な利益に該当するとされております（解釈ガイドライン第2部第2　2(2)カ(イ)）。このため、①フリーランスに、要請に応じなければ不利益な取扱いをする旨示唆して金銭・労務等の提供を要請すること、②フリーランスが提供する意思がないと表明したにもかかわらず、又はその表明がなくとも明らかに提供する意思がないと認められるにもかかわらず、重ねて金銭・労務等の提供を要請する（解釈ガイドライン第2部第2　2(2)カ(エ)④）場合には、該当すると考えます。

　自らの担当する学生以外の採点をすることは、契約外の業務であり、委託料の支払とは独立しているものといえますので、「自己のために役務を提供させること」（法5②一）に該当します。また、非常勤講師に対して、無償で採点対応をせよということについて、報酬を支払うこと以外の「直接的利益」を想定しづらく、これを欠いているため、「利益を不当に害する」（法5②柱書）に該当し、禁止されるものと考えられます。

5　本件における対応

　このように、本件では、契約にない自ら担当していない学生の採点業務を同じ報酬で行わせるということは、フリーランス法の禁ずる報酬の減額に該当することや、フリーランス法にて禁止されている「役務を提供」させて「利益を不当に害」することにも当たり得る行為ともいえますので、これらの点を指摘して、報酬の増額交渉等をする対応が考えられます。

〔Q69〕 予備校の新規開校前に契約を解除されて、他の予備校との契約が事実上不可能となった事例

Q 私は、フリーランスとして予備校講師の仕事をしています。前年の11月に翌年の４月に新規開校する予備校（相手方）で働くよう求められ、契約期間１年の業務委託契約を締結しました。予備校からは、他の予備校で授業しないように求められたため、私は、翌年の４月以降の仕事を断っていました。しかし、開校予定日の直前（２週間前）になって、予備校の開校はなくなったので、講師の仕事はなかったことにしてくださいとの連絡が来ました。新学期直前で仕事の発注をキャンセルされても、他の予備校の講師の依頼は全て終了しており、これから仕事を入れることができない状態です。相手方に対して、損害賠償を請求したいと思いますが可能でしょうか。

A 予備校による本件の契約の解除は、解除予告義務に違反します。もっとも、解除予告義務違反の私法上の効果については議論のあるところです。しかし、解除が有効であるとしても、予備校による契約の解除は、フリーランス法上の禁止行為の１つである「給付内容の変更」に該当します。そこで、当該禁止行為に違反したことを理由に債務不履行又は不法行為に基づく損害賠償請求をすることが考えられます。さらに、本件では、労働者性を認めて救済する方法もあります。

第 2 章　事例検討　　257

解　説

1　フリーランス法の適用―契約解除の有効性

　予備校の講師を委託することは、役務の提供の委託（法2③二）に該当します。したがって、本件の取引にはフリーランス法が適用されます。そして、本件の予備校は、特定業務委託事業者（法2⑥二）に該当すると考えられるところ、本件の業務委託契約の期間は1年ですので、「継続的業務委託」に該当します（法13①、令3、解釈ガイドライン第3部2）。したがって、本件の予備校が本件契約を解除しようとする場合、フリーランスに対して、原則として少なくとも30日前までに、書面等でその予告をしなければなりません（法16①、解釈ガイドライン第3部4（1）・（2））。

　本件では、開校予定日の直前（2週間前）に解除の予告をしておりますので、かかる予備校の行為は30日前の解除予告義務に違反します。

　もっとも、フリーランス法16条に基づき特定業務委託事業者が負うのは公法上の義務にすぎないとする見解によれば、私法上30日前に予告しなければ解約の効力が発生しないという効果が直ちに認められるわけではありません。予備校の講師の業務委託の性質を準委任契約（民656）であると解し、解除予告義務違反に私法上の効力が発生しないと考えると、予備校の契約解除は、民法656条及び651条1項により私法上有効であると解することになります。解除予告義務違反の私法上の効力については、〔Q26〕、〔Q58〕、〔Q59〕もご参照ください。

2　フリーランス法の適用―給付内容の変更

　本件の業務委託契約は契約期間が1年ですので、フリーランス法5条における「継続的業務委託契約」（法5①）にも該当します。そして、本件では、4月から予備校講師としての役務の提供が予定されていたところ、それがキャンセルされていますので、予備校による当該キャ

ンセルは、「給付内容の変更」（法5②ニ）（[Q20]参照）として禁止行為
に該当するのではないかが問題となります。

　まず、業務委託を取り消すこと（契約の解除）も給付内容の変更に
該当するとされていますので（解釈ガイドライン第2部第2　2（2）キ
（ア））、予備校によるキャンセルも、「給付内容の変更」に当たります。

　そして、フリーランスは、翌年4月以降の仕事を断っており、業務
開始予定の2週間前に本件の業務がキャンセルされてしまうと、通常
その時点では、他の予備校の講師の募集は終了していると考えられ、
もはや、新年度の予備校の講師としての契約を締結することは困難と
なりますので、予備校によるキャンセルは、「特定受託事業者の利益を
不当に害」する（法5②本文）といえます。

　よって、予備校による当該キャンセルは、「給付内容の変更」として
禁止行為に該当します。

3　損害賠償請求

　本件では、「給付内容の変更」をしたことを理由に債務不履行（民415）
又は不法行為（民709）に基づく損害賠償請求をすることが考えられま
す。また、本件キャンセルを準委任（民656）における契約解除（民651
①）であると解しても、フリーランスは契約解除の時点で他の予備校
との新年度の契約が困難となっておりますので、受任者に不利な時期
に委任が解除された場合（民651②一）といえ、委任者の解除にやむを得
ない事由がある場合を除いて損害賠償請求ができます。「やむを得な
い事由」とは、事務処理が完全に不要になった場合などをいいます（山
本豊編『新注釈民法（14）債権（7）』332頁（有斐閣、2018年））。予備校の開校が
なくなったことが、「やむを得ない事由」に該当するか否かは、具体的
事情に依存しますが、フリーランスとしてはそれを争うことを検討す
べきでしょう。

第2章　事例検討　　259

　なお、フリーランス法の解除予告義務違反について、当該予告義務
は、特定業務委託事業者の信義則上の付随義務と解すべきであり、「解
約30日前の予告をしない解約については、特定受託事業者はその義務
違反を理由に損害賠償請求できると解すべきであろう」という見解も
あります（鎌田耕一・長谷川聡編『フリーランスの働き方と法―実態と課題解決
の方向性』270頁（日本法令、2023年））。そこで、解約予告義務違反に基づ
く損害賠償請求の可否については、フリーランス法施行後の裁判例や
実務の動向を注視する必要があります。

4　予備校講師の労働者性

　本件では、予備校講師の労働者性を主張して、その保護を図ること
も考えられるところです。この点、予備校講師の場合は、講義の時間、
場所が決められていることから時間的場所的拘束性は認められやす
く、業務上の裁量も相当程度限定され業務遂行上の指揮命令関係が一
定程度認められることから労働者性が肯定されるケースが多いものと
考えられます。予備校との間で出講契約を締結している予備校講師の
労働者性が争われた事案で労働者性を肯定している裁判例もあります
（福岡地判平20・5・15労判989・50）。

　労働者性が肯定される場合、採用内定取消しを制限する判例法理（大
日本印刷事件＝最判昭54・7・20労判323・19、電電公社近畿電通局事件＝最判昭
55・5・30労判342・16等）により、キャンセル（採用内定取消し）は無効
となる可能性があります。

〔Q70〕 報酬金額について納得のいかない単価を押し
つけられた事例

Q 　私はフリーランスとして調査員の仕事をしています。この度、相手方会社との間で業務委託契約（契約期間2か月）を締結しましたが、報酬について、契約書には、「甲乙協議の上単価決定」とあるものの、実際には協議すらされないまま納得のいかない単価を押し付けられました。法的根拠を持って相手方と交渉をしたいのですが、方法はありますでしょうか。また、不利な単価でさせられた業務の報酬相当分について損害賠償請求をしたいのですが、可能でしょうか。

A 　本件の契約書に、「甲乙協議の上単価決定」とされ、相手方会社が協議をしなかったことは、取引条件明示義務に違反します。また、フリーランスにとって納得のいかない単価の押し付けは、買いたたきの禁止に違反する可能性があります。フリーランスが採り得る手段としては、フリーランス法違反を指摘して交渉することが考えられます。

解　説

1 取引条件明示義務

　調査員の仕事は、「役務の提供」に該当しますので（法2③二、解釈ガイドライン第1部1(2)ウ(ア)）、業務委託事業者は、業務委託をした場合は、直ちに、報酬の額等を特定受託事業者に対し明示する必要があります（法3①）（取引条件明示（3条通知）義務、〔Q9〕参照）。しかし、契約書には、「甲乙協議の上単価決定」とされ、実際には協議すらされ

第2章　事例検討　　261

ておりませんので、相手方会社の行為（報酬金額を明示しないこと）
は、取引条件明示義務に違反します。

2　「買いたたき」の可能性

　本件の契約は1か月以上継続する契約として特定業務委託事業者の
禁止行為の規制を受けるところ（法5、令1）、フリーランス法5条1項
4号は、通常支払われる対価に比べて著しく低い報酬の額を不当に定
めること、いわゆる買いたたきを禁止しています（解釈ガイドライン第2
部第2　2（2）エ）（〔Q17〕参照）。

　納得のいかない単価を押し付けられたフリーランスとしては、買い
たたきの該当性に関する四つの判断要素（解釈ガイドライン第2部第2
2（2）エ（イ））を踏まえて、①相手方会社と十分な協議が行われなかっ
たことから対価の決定方法が不十分であることや、②同種の役務につ
いて一般に支払われる対価の資料等を提示して同種又は類似品等の市
価との乖離が大きいこと等を指摘して、買いたたきの禁止に違反する
と主張し、報酬の増額交渉を行うべきです。その際には、フリーラン
ス法が定める違反事業者に対する措置（〔Q31〕参照）を明示すること
で、より実効性のある交渉が可能となります。

3　損害賠償について

　納得のいかない単価の押し付けが、フリーランス法5条1項4号に
違反するとしても、当該契約が無効となったり損害賠償義務を生じさ
せたりするなど何らかの私法上の効力があるかは明確ではありませ
ん。

　私法上、フリーランスが単価の決定に合意しておらず、相手方会社
が一方的に決めつけたとして、当該契約の無効に基づく原状回復請求
（民121の2）を行うことが考えられます。もっとも、「甲乙協議の上単

価決定」と記載のある契約書に合意し、その後に提示された単価について異議を述べず業務を遂行した以上、単価についての協議がなかったことをもって当該契約の無効を主張立証するというフリーランス側の負担が大きいといえます。

そうすると、既に履行した業務についての適正な報酬との差額分の損害賠償や原状回復を求めるのではなく、今後の報酬の増額を交渉することが得策です。その際には、上記で述べた法律の規定や制裁措置等を明示し、契約締結の前段階において、十分に交渉しておくことが肝要です。

第2章　事例検討　　263

第6　営　業

〔Q71〕　報酬全額について何度催促しても支払が実現しなかった事例

Q　私は、フリーランスとしてPRマーケティングプランナーの仕事をしています。具体的には、契約の相手方企業のため、相手方の名刺を持って、休眠クライアントを掘り起こす営業活動となります。報酬については「活動費」として毎月定額の10万円を請求することになっていました。しかし、相手方に何度も「活動費」の請求をしたのですが、支払ってもらえませんでした。相手方企業に未払活動費（報酬）が50万円まで積みあがっていると告げた途端、相手方企業から私の営業活動で売上が立っていないから払えないと言われ、それ以来、メールを送っても返信がなく、電話にも出てくれません。私は、未払活動費（報酬）全額を請求することはできますか。

A　報酬については「活動費」として毎月定額の10万円の金額が支払われることになっていたのですから、相手方企業は、「売上が立っていない」との理由で報酬の支払を拒絶することはできないと考えられます。そのため、相談者は、契約書、メール、SNS等に契約条件の証拠があるかを踏まえ、交渉又は民事裁判等により、報酬の支払を求めていくことになります。

解　説

1　取引条件明示義務（3条通知）

　PRマーケティングプランナーの仕事を委託することは、役務の提

供の委託（法2③二）に該当します。したがって、本件の取引にはフリーランス法が適用されます。役務の提供を委託する場合、業務委託事業者は報酬の額、算定方法などについて、契約時に特定受託事業者に対して明示する必要があります（法3①、規則（公取委関係）1①七・③）（取引条件明示（3条通知）義務、〔Q9〕参照）。

本件では、報酬については「活動費」として毎月定額の10万円が支払われることになっていたところ、フリーランスが相手方企業に未払活動費（報酬）が50万円まで積みあがっていると告げた途端、相手方企業はフリーランスに対し「営業活動で売上が立っていないから払えない」と言い出していますが、そもそも支払う報酬の算定方法に売り上げと連動することが定められていなかったのですから、相手方は、フリーランスの「売上が立ってない」ことを理由に、報酬の請求を拒むことはできません。

そして、本件の相手方企業は、特定業務委託事業者（法2⑥二）に該当するところ、フリーランス法は、特定業務委託事業者に対し、支払期日までに報酬を支払うことを義務付けています（法4⑤）。したがって、相手方企業は支払期日までにフリーランスに対して報酬を支払う義務を負います（支払遅延については〔Q21〕参照）。

2　実務的な対応

フリーランスが報酬の支払を求めていく際、報酬の合意の裏付けを検討することになります。例えば、契約書のほか、メールやSNS等で契約条件についてやりとりした証拠も合意の裏付けになり得ます。相手方にメールを送っても返信がなく、電話にも出てくれない状況にあり、話合いでの解決が難しいと見込まれるため、直ちに法的手段を講ずることも検討します。法的手段の詳細は〔Q34〕をご参照ください。

第2章 事例検討 265

〔Q72〕 顧客からのクレームを理由に相手方から損害賠償を請求された事例

Q 私は、フリーランスとして、業務委託で、電化製品の営業代行の仕事をしています。相手方から、「顧客からクレームがあり、損害が出ている」との話があり、損害賠償請求をされました。しかし、本当に顧客からクレームが入ったのか、私にまったくわかりません。私は、相手方からの損害賠償請求に応じないといけないのでしょうか。

A 具体的状況が明らかではない段階で、相手方からの損害賠償請求に応じることは避けるべきです。まずは、相手方に対し、具体的な事実関係の説明や資料の提供を求めることにより、相手方の言い分について検証することが大切です。なお、顧客からのクレームを理由に、相手方から一方的に報酬を減額された場合、フリーランス法に抵触する可能性があります。

解説

1 相手方からの損害賠償請求に対する対応

受託者の故意又は過失による債務不履行により、委託者に損害が発生した場合、受託者は委託者に対して損害賠償義務を負います(民415)。そのため、本件でも、仮に相手方の主張のとおり、顧客からのクレームが発生して、その理由がフリーランスの故意又は過失に基づくものであれば、当該クレームにより相手方に発生した損害について、フリーランスに損害賠償義務が生じる可能性があります。

もっとも、具体的な状況が明らかではない段階で、相手方からの損

害賠償請求に直ちに応じることは避けるべきと考えます。まずは、相手方の主張する「顧客からクレーム」が発生しているのか、クレームの内容は具体的にいかなるものか、クレームが生じた原因がフリーランスにあるのか、相手方に生じた損害はいくらか、相手方に生じた損害は当該クレームによって生じたものといえるか等の事実関係について、相手方に具体的な説明を求めることが重要です。

　また、相手方からの具体的な説明について、それを裏付ける資料の提供を求めることも大切です。さらに、フリーランスも、自らの主張を基礎づける資料の収集、保存等を行うことも重要です。委託者の中には、受託者の主張を十分に検証せず、顧客の言い分のみで受託者に損害賠償請求する事例も散見されます。そのため、受託者が自らの主張を積極的に説明したり、資料を提供することが望ましい場合もあります。資料としては、契約書や請求書等のほか、メールやSNS等のやりとりも有力な証拠となり得ます。

　さらに、顧客からクレームがあり、損害が発生していたとしても、損害の発生について、委託者からの指示が影響している場合等、フリーランスのみが全ての責任を負うことが公平の観点から相当ではない場合もあります。そのため、過失相殺を検討する必要があります。

　本件においても、相手方からの損害賠償請求については、安易にこれに応ずることなく、まずは、事実関係の確認や裏付け資料の提供を求めることにより、相手方の主張を検証することが大切です。

2　顧客のクレームにより相手方に損害が発生していない場合

　電化製品の営業代行の仕事を委託することは、役務の提供の委託（法2③二）に該当します。したがって、本件の取引にはフリーランス法が適用されます。本件の相手方は、特定業務委託事業者（法2⑥二）で本件の契約期間は1か月以上であれば、本件契約に関しては特定業務委

第2章　事例検討　　267

託事業者の禁止行為の規制（法5、令1）が適用されます。

　フリーランス法は、フリーランスの帰責事由のない場合に、特定業務委託事業者の報酬を減額することを禁じています（法5①二）（報酬の減額、〔Q15〕参照）。本件において、顧客のクレームにより相手方に実際に損害が発生していない場合、相手方が損害が発生したことを理由に報酬を一方的に減額したとすれば、かかる相手方の行為は「報酬の減額」に該当し、違法となります。

　特定業務委託事業者から損害賠償請求権を理由に報酬を一方的に減額された場合の対応については、〔Q32〕、〔Q34〕をご参照ください。

268　　第２章　事例検討

〔Q73〕　言い掛かりに近い理由から契約を解除された
　　　　事例

Q 私は、フリーランスとして電話営業の仕事をしていま
す。現在、委託会社との間で６か月以上の業務委託契約
を交わして電話営業を行っていますが、契約書は作っていませ
ん。先日、委託会社の担当者から呼び出され、社員４人に囲まれ
て、即日契約解除を通告されました。契約解除の理由は言い掛か
りのようなもので、とても納得できません。未消化のシフトが10
日分残っているのですが、機会損失の賠償を求めることはできな
いのでしょうか。

A 本件の契約解除は、契約解除の事前予告義務に違反し
ています。また、フリーランスに不利な時期に契約の解
除があったことから、損害賠償請求することが考えられます。そ
の場合、未消化のシフト日数分の報酬相当額とすることも考えら
れるでしょう。また、フリーランスの「労働者」性を主張して、
未消化のシフト日数分の未払賃金請求をすることも、フリーラン
スを保護する方法として考えられます。

解　説

1　フリーランス法の適用―契約解除の有効性

　電話営業を委託することは、役務の提供の委託（法２③二）に該当し
ます。したがって、本件の取引にはフリーランス法が適用されます。
そして、本件の委託会社は法人ですので、特定業務委託事業者（法２⑥
二）に該当すると考えられるところ、業務委託契約の期間が６か月以

上である場合には「継続的業務委託」に該当します（法13①、令3、解釈ガイドライン第3部2）。したがって、本件の委託会社が継続的業務委託を解除しようとする場合、フリーランスに対して、原則として少なくとも30日前までに、書面等でその予告をしなければなりません（法16①、解釈ガイドライン第3部4（1）・（2））（〔Q25〕参照）。本件では、即日解除されていますので、かかる委託会社の行為は、30日前の解除予告義務に違反します。

なお、フリーランス法16条に基づき特定業務委託事業者が負うのは公法上の義務にすぎないとする見解によれば、私法上30日前に予告しなければ解約の効力が発生しないという効果が直ちに認められるわけではありません。電話営業の業務委託の性質を準委任契約（民656）であると解し、解除予告義務違反に私法上の効力が発生しないと考えると、委託会社の契約解除は、民法656条及び651条1項により私法上有効であると解することになります。解除予告義務違反の私法上の効力については、〔Q26〕、〔Q58〕、〔Q59〕もご参照ください。

2　損害賠償請求の可能性

準委任契約が解除された場合、特定受託事業者は、委託者に対し委任者の解除にやむを得ない事由がある場合を除いて損害賠償請求ができます。受任者にとって不利な時期の一例として、「有償受任者にとって他の仕事を見出すのが困難な時期」が挙げられています（山本豊編『新注釈民法（14）債権（7）』330頁（有斐閣、2018年））。本件は、フリーランスの未消化のシフトは10日分であり、それが10営業日だとしても、そのような短い期間内に新たな業務の受託をするのは困難であると考えられますので、不利な時期の解除であるという評価が可能です。仮に、そのように評価されれば、委託会社の契約解除に「やむを得ない事由」がなければ損害賠償請求が認められることになります。

なお、フリーランス法の解除予告義務違反を理由に損害賠償請求できると解すべきであろうという見解もあります。詳細は、〔Q58〕をご参照ください。

3　電話営業の労働者性

本件では、電話営業の労働者性を主張して、その保護を図ることも考えられるところです。この点、電話営業の業務の時間、場所が決められていれば時間的場所的拘束性が認められやすく、業務上の裁量も相当程度限定されていれば業務遂行上の指揮命令関係が認められ、労働者性が肯定されるケースもあると考えられます。フリーランスに「労働者」性が認められる場合には、労働契約法16条及び民法536条2項に基づき、未消化のシフト日数分の報酬を請求することができます。

〔Q74〕 ハラスメントを受け、適応障害と診断されたため、慰謝料の請求を希望する事例

Q 私は、フリーランスとしてマーケターの仕事をしています。相手方会社と業務委託契約を締結して、マーケターとして働き始めましたが、私に適した業務を与えられなかったり、私の業務内容や能力を罵倒されたり、定例ミーティングへの参加を拒まれたり、チャットツールのグループの閲覧権限をなくされたりするなど、就業環境を害されている状況です。精神的に体調を崩し、「適応障害」という診断を受けました。私は、相手方に対して慰謝料を請求したいのですが、認められるでしょうか。

A 業務委託におけるパワーハラスメントを理由に慰謝料を請求するためには、①ハラスメントの具体的な内容（相手方の言動の具体的な内容）や時期、②①が違法なパワーハラスメントに当たること、③①によって被った損害の内容や金額を、証拠で証明することが必要です。これらを証明できる場合には、具体的なパワーハラスメントの言動をした個人やその相手方会社に対し、不法行為（使用者責任）又は債務不履行に基づく損害賠償請求が認められることがあります。

解 説

1 フリーランス法におけるパワーハラスメント防止措置等

マーケターとしての業務を委託することは、役務の提供の委託（法2③二）に該当します。したがって、本件の取引にはフリーランス法が適用されます。そして、本件の相手方の会社は、特定業務委託事業者（法2⑥二）に該当すると考えられるところ、フリーランス法では、特

定業務委託事業者に対し、業務委託におけるパワーハラスメント（パワハラ）により特定受託業務従事者の就業環境が害されることのないようにする配慮義務を課し（法14①）、かつ、業務委託におけるパワーハラスメントの相談を行ったこと又は事実を述べたことを理由として、業務委託契約の解除等の不利益取扱いをすることを禁止しています（法14②）。詳細は〔Q22〕をご参照ください。

2　パワーハラスメントを理由とする損害賠償請求

（1）　パワーハラスメントの定義

「業務委託におけるパワーハラスメント」とは、①取引上の優越的な関係を背景とした言動であって、②業務委託に係る業務を遂行する上で必要かつ相当な範囲を超えたものにより、③特定受託業務従事者の就業環境が害されるものであり、①～③までの要素を全て満たすものと定義されています。この中で、特に②が問題となることが多く、業務委託に係る業務の遂行上必要かつ相当な範囲内の適正な指示や、通常の取引行為としての交渉の範囲内の話合いなどは「業務委託におけるパワーハラスメント」に該当しません（法14①三、指針第4　4（1））。

フリーランス指針におけるパワハラの定義は、後述する不法行為責任、債務不履行責任に直ちに結びつくとは言い切れませんが、一定の参考とすることができますので、この定義を基に解説をいたします。

（2）　不法行為責任

業務委託におけるパワーハラスメントを理由に具体的な個人に対して不法行為（民709）に基づく慰謝料等の損害の賠償請求をするためには、①業務委託におけるパワーハラスメントに当たる具体的な言動、②上記言動が委託業務の遂行上必要かつ相当な範囲を超えて違法であること、③①により損害を被ったこと及びその額の各事実について証拠で証明する必要があります。

第2章　事例検討　　273

　（3）　使用者責任

　当該行為を行った具体的な個人に対して不法行為責任が認められれ
ば、当該個人の使用者に対しても、使用者責任（民715）に基づき損害賠
償請求をすることが可能です。なお、この「使用者」は、上記言動を
した個人との間で必ずしも雇用関係にあることまでは必要なく、業務
委託や請負の関係にあっても、当該個人を指示監督している立場にあ
る場合には、「使用者」として民法715条に基づく損害賠償請求が可能
とされています。

　（4）　債務不履行責任

　特定業務委託事業者は、フリーランス法14条により、特定受託業務
従事者に対して業務委託におけるパワーハラスメントにより特定受託
業務従事者の就業環境が害されることのないようにする配慮義務（就
業環境配慮義務）を負っています。また、ある程度継続的な業務委託
においては、特別な社会的接触関係にある当事者といえるため、相手
方の生命、身体、財産等を害しないようにする安全配慮義務の一種と
しての特定受託業務従事者の就業環境配慮義務を負うと考えられます
（アムールほか事件＝東京地判令4・5・25労判1269・15）。そのため、これら
就業環境配慮義務に違反し、それによって損害が発生したと認められ
る場合には、債務不履行が成立することになり、特定業務委託事業者
に対し、特定受託業務従事者が被った損害の賠償を請求することがで
きます。

　（5）　本件のパワーハラスメント該当性

　本件において、「適した業務を与えられなかった」ことは「過少な要
求」（指針第4　4（5）ホ）として、「業務内容や能力を罵倒された」こと
は「精神的な攻撃」（指針第4　4（5）ロ）として、「定例ミーティングへ
の参加を拒まれたり、チャットツールのグループの閲覧権限をなくさ
れた」ことは「人間関係からの切離し」（指針第4　4（5）ハ）として、

それぞれ具体的な言動を特定すれば、上記（2）①の「業務委託におけるパワーハラスメントに当たる具体的な言動」に当たる可能性があります。

　もっとも、上記（2）②の「上記言動が委託業務の遂行上必要かつ相当な範囲を超えて違法であること」も満たす必要があるため、「適した業務を与えられなかった」こと、「業務内容や能力を罵倒された」こと、「定例ミーティングへの参加を拒まれたり、チャットツールのグループの閲覧権限をなくされた」りしたことについて、業務遂行上必要かつ相当な範囲を超えた違法なものであることも証明する必要があります。

　さらに、上記（2）②を満たした場合でも、それにより相談者が被った精神的苦痛の内容や程度を証明する必要があります。「適応障害」については、上記（2）③の「①の言動により適応障害に罹患したこと」（因果関係）を証明する必要があります。

　以上の（2）①〜③を全て証明できた場合には、相手方企業に対して慰謝料の支払を請求することができると考えられます。

第2章　事例検討　　275

第7　美容関係

〔Q75〕　報酬から手数料や材料費等が差し引かれた事例

Q　私は、フリーランスの美容師として、美容室との間で業務委託契約を締結して仕事をしています。最近、報酬から差し引かれる額が急に増えたので美容室に問い合わせたところ、経営が厳しくなってきたので、クレジットカードや電子マネー決済の手数料や材料費の負担を増やさせてもらったと言われました。事前に相談もなく無断で負担を増やした態度に不信感が募ったため、美容室を辞めさせてほしいと申し出ましたが、契約書には「契約解除より6か月前までに申し出ること」と書かれているので、受け付けられないと言われました。私は、差し引かれた手数料や材料費相当額を美容室に対して請求できるでしょうか。また、私は美容室との契約を解除できるでしょうか。

A　電子マネー決済等の手数料や材料費を無断で報酬から控除する行為は、フリーランス法で禁止される報酬の減額や不当な経済上の利益提供要請に該当するものと考えられます。解除については、6か月前予告が必要という契約書の定めが民法の任意解除の規定に違反し無効であると主張して即時解除を求めることも考えられます。

解　説

1　報酬の減額の禁止

美容師としての業務を委託することは、役務の提供の委託（法2③二）に該当します。したがって、美容師と美容室との間の業務委託契約に

は、フリーランス法が適用されます。そして、本件の美容室は、従業員を雇っていれば特定業務委託事業者（法2⑥）に該当すると考えられるところ、フリーランス法では、特定業務委託事業者に対し、特定受託事業者の責めに帰すべき事由がないのに、業務委託時に定めた報酬を減額することを禁止しており（法5①二）（〔Q15〕参照）、減額の名目や方法、金額の多寡を問わず、業務委託後いつの時点で減額してもフリーランス法違反となります。本件のように、フリーランスが負担する旨の合意なく、美容室が本来支出・負担すべき金員を報酬から一方的に控除する行為も、「報酬の減額」に該当します。

　この点、フリーランス法では、特定受託事業者の責めに帰すべき事由があれば報酬の減額も認められますが、これは、特定受託事業者の業務内容が委託内容と不適合の場合や、特定受託事業者側の原因で納期に遅れた場合等に限られ、本件では該当しないものと考えられます。

　なお、フリーランス法では、業務委託に係る業務遂行のために特定受託事業者が要する費用等（材料費、交通費、通信費等）は、「報酬の額」には含まれず、3条通知（法3①）の対象とはなりません（規則（公取委関係）1①参照）。そのため、費用等の精算の有無等について特段の明示がない場合、特定受託事業者に対しては、明示された「報酬の額」のみを支払う旨を明示したものであるとされています（解釈ガイドライン第2部第1　1（3）キ（ウ））。しかし、これは、特定受託事業者自らが業務遂行に当たって支出する費用等（例えば、美容師の出退勤時の交通費やハサミ・ブラシ等の道具代等）については、業務委託事業者が負担するという明示がない限り、報酬に上乗せして支払われることはないという意味に過ぎません。本件のような美容室側が支出する店舗のクレジットカード・電子マネーの手数料や材料費は、フリーランスが業務遂行に当たって支出することが必要な費用ではなく、フリーラ

第2章　事例検討　277

ンスが当然に負担することが想定されているものではありません。費用等の扱いについてはしばしばトラブルとなりますので、フリーランスは、業務委託に先立って、費用等の精算の有無や範囲等について十分協議の上決定することが望ましいといえます（解釈ガイドライン第2部第1　1（3）キ（ウ））。

2　不当な経済上の利益提供要請の禁止

　フリーランス法では、特定受託事業者に対し、「自己のために金銭、役務その他の経済上の利益を提供させること」により特定受託事業者の「利益を不当に害する」行為も禁止されています（法5②一）（〔Q19〕参照）。「金銭、役務その他の経済上の利益」には、協賛金、協力金等の名目を問わず、報酬支払とは独立して行われる金銭の提供、作業への労務の提供等を含むとされていますので（解釈ガイドライン第2部第2　2（2）カ（ア））、本件のような手数料や材料費相当額の支払もここに該当します。

　他方、特定受託事業者が「経済上の利益」を提供することが、業務委託を受けた物品の販売促進につながるなど直接の利益になるものとして、特定受託事業者が自由な意思により提供する場合には、特定受託事業者の「利益を不当に害する」とはいえませんが、かかる利益提供が、特定受託事業者にとって直接の利益となることを発注者が明確にしないで提供させる場合には、やはり「特定受託事業者の利益を不当に害する」といえます。本件では、クレジットカードや電子マネーの手数料や材料費をフリーランスが負担することが、フリーランスにとって直接の利益になることを示す証拠等もなく、また、かかる費用負担がフリーランスにとって直接の利益になることを美容室が明確に説明したという事情もありませんので、特定受託事業者の「利益を不当に害する」場合に当たるといえます。

3 禁止行為に該当する場合の実務上の対応

　フリーランス法に違反する報酬の減額や不当な経済上の利益の提供
要請があった場合、かかる減額・控除は違法・無効となりますので、
特定受託事業者は美容室に対し、減額された額と同額の未払報酬の支
払請求が可能であり、また、これらの控除した金額について不当利得
（民703）として返還請求が可能です。本件では、契約書の控え・写し
（フリーランスが受領していれば）の記載やメール・チャット等にお
ける報酬の額や費用等の取扱いに関するやり取り等を踏まえ、費用等
の取扱いに関する合意の有無やその内容の立証が可能かを検討し、美
容室に対し、交渉や民事裁判手続を通して、未払報酬請求や不当利得
返還請求を行うことが考えられます。

4 フリーランスからの契約解除

　民法上、準委任契約の解除は、当事者のいずれからもいつでも理由
なく解除できるとされています（民651①・656）。本件の契約書における
6か月前予告の条項は、この解除権を制限したものと考えられますが、
かかる制限合意が有効であるかは争う余地があり、美容師としては、
かかる条項が民法に違反し無効であると主張して、即時の契約解除を
求めることが考えられます。もっとも、美容室に不利な時期に解除し
た場合には、美容師に損害賠償義務が生じる恐れがあります（民651②・
656）ので、解除の時期には留意が必要です。

　なお、フリーランス法では6か月以上継続して行われる業務委託の
中途解除に当たっての30日前予告義務が定められていますが、この規
定は特定受託事業者から行う解除には適用されません（解釈ガイドラ
イン第3部4（2））。

第2章　事例検討　　279

〔Q76〕　契約解除を原因として損害賠償を請求された事例

Q　私は、フリーランスとしてセラピストの仕事をしています。マッチングサイトを通じて、相手方である店舗オーナーと業務委託契約を締結しました。契約期間は2週間であり、双方から解除の予告がなければ自動更新ということになっていましたが、業務開始3日目に電車が遅延し3分遅刻したところ、相手方から強く怒られてしまいました。相手方と考え方が合わないので辞めたいと申し出たところ、マッチングサイト利用料10万円と制服代約8,000円を違約金として請求されました。私はこれらの違約金を支払わなければならないでしょうか。

A　契約期間が2週間であり、3日間しか継続していないため、本件契約はフリーランス法5条の禁止行為の対象となりません。フリーランス側からの即時解除の可否及び解除を原因とする損害賠償請求の可否については、まずは契約書の内容を確認することになりますが、契約書上に任意解除条項の定めが置かれていない場合は、即時解除が認められる可能性があります。もっとも、「やむを得ない事由」がある場合を除き、相手方に不利な時期に解除をした場合は損害賠償義務を負うことになる点に留意が必要です。

解　説

1　フリーランス法の適用対象となる契約か

　セラピストの業務を委託することは、役務の提供の委託（法2③二）

に該当します。したがって、本件の取引にはフリーランス法が適用されます。そして、本件の相手方である店舗オーナーは、従業員を雇っていれば特定業務委託事業者（法2⑥一）に該当しますが、本件の契約期間は2週間であり、更新されずに業務委託関係が3日間しか継続していないため、本件契約に関しては特定業務委託事業者の禁止行為の規制（法5、令1）が適用されません。

　したがって、本件においてマッチングサイト利用料10万円と制服代金約8,000円を違約金として請求する行為は、報酬の減額（法5①二）及び不当な経済上の利益の提供要請（法5②一）の禁止規定は適用されません（〔Q15〕及び〔Q19〕参照）。

2　フリーランス側からの契約解除及び損害賠償義務の帰趨

　以下では、特定業務委託事業者の禁止行為の規制が及ばないことを前提に、場合分けの上検討します。

（1）　契約書にフリーランスからの任意解除条項がある場合

　契約書上の任意解除条項の適用条件を満たすか否かを検討することになります。

　なお、任意解除条項に関して、極めて長期の予告期間が定められていたり、法外な違約金条項が定められていたりすることにより、フリーランスの職業選択の自由（憲22）を不当に侵害しているようなケースでは、公序良俗違反による契約無効（民90）を主張する可能性も考えられます。

（2）　契約書にフリーランスからの任意解除条項がない場合

　本件におけるフリーランスはセラピストですが、店舗オーナーとの間で締結した業務委託契約が準委任契約に該当する場合、受任者はいつでも契約を解除することができます（民656・651①）。そのため、本件でもフリーランス側からの即時の解除自体は認められます。

第2章　事例検討　　281

　もっとも、「やむを得ない事由」がある場合を除き、相手方に不利な時期に解除をした場合は損害賠償義務を負うことに留意が必要です（民656・651②一）。本件は、きっかけは電車遅延による3分の遅刻についての厳しい叱責であるとはいえ、辞めたい理由は「考え方が合わない」というものであり、フリーランスが過酷な業務を強いられ体調不良となった等の理由によるものではないこと、かつ、勤務期間が3日間とごく短期間であること等を踏まえると、フリーランスが契約を即時解除できる場合でも、解除に伴い相手方に生ずる損害について賠償義務を負う可能性は否定できません。

　ただし、マッチングサイト利用料10万円という金額を店舗オーナーが支出したという事実はあるのか、仮にその事実があったとしてフリーランス側が全額を賠償する義務があるのかという点や、制服代の負担についての事前の取決めの点に関しても精査する必要はあると考えられます。

282 第2章　事例検討

〔Q77〕　相手方から競業避止義務の同意書にサインを強制されて契約の解除を求めた事例

Q 私は、フリーランスとして相手方である店舗（ネイルサロン）において業務委託でネイリストの仕事をしています。ある時、スタッフ同士で店舗内でネイルの練習行為を見た相手方のオーナーが突然激怒し、「窃盗・横領罪だ。警察には通報しないが、誓約書にサインしろ」と言われ、「ネイルサロンを辞めた後3年以内は、半径30km圏内の同業サロンで働いてはならない。違反が発覚した場合は、損害賠償を請求する」と記載がある誓約書にサインしてしまいました。私は、このようなオーナーの下では働くことができないので、相手方の店舗で働くことを辞めたいのですが、それは可能でしょうか。

A フリーランス側からの解除の可否は、まずは契約書の規定を検討することになりますが、契約書上に任意解除条項の定めが置かれていない場合であっても、業務委託契約が準委任契約と考えると、任意の時期の解除が認められる可能性があります。なお、相手方に不利な時期に解除したことによる損害賠償義務については、本件における誓約書の内容や誓約書にサインさせられた経緯に照らすと、「やむを得ない事由」が認められることにより免れる可能性があります。

解　説

1　競業避止義務を負わせる内容の誓約書の有効性

フリーランス法では、競業避止義務に関する定めは置かれていませ

ん。そのため、フリーランスへ競業避止義務を負わせることの可否や
その許容範囲に関する議論は従前のとおりであり、秘密情報の流用・
漏えい防止やフリーランス育成費用の回収といった観点から合理的に
必要な範囲であれば、独占禁止法上問題とならないと考えられます。

　本件では、店舗オーナーがネイリストの育成にかかる費用を負担し
た訳ではないことを前提とすれば、競業避止義務を負わせることに、
フリーランス育成費用の回収という目的は存在しないことになりま
す。さらに、ネイルサロンの業態等に鑑みると半径30km圏内という
場所的制限は広範に過ぎると考えられ、3年間という禁止期間の長さ
や、代償措置もないことを踏まえると、本件における競業避止義務は
合理的に必要な範囲を超えており、無効（民90）となる可能性が高いと
考えられます。競業避止義務については〔Q78〕もご参照ください。

2　ハラスメント防止措置義務違反

　一般的に、委託事業者からフリーランスに対するパワーハラスメン
ト（パワハラ）に関しては、不法行為又は債務不履行上の損害賠償請
求（民709・415）が認められ得るのみならず、特に悪質なパワハラには、
脅迫罪（刑222）等の犯罪が成立する可能性があります。

　他方、ネイリストの業務を委託することは、役務の提供の委託（法2
③二）に該当しますので、本件の取引にはフリーランス法が適用され
るところ、本件の相手方であるネイルサロンは、従業員を雇っていれ
ば特定業務委託事業者（法2⑥一）に該当します。したがって、相手方
は特定受託事業者に対してハラスメントが行われないように必要な体
制の整備等の措置を講ずる義務を負います（法14①）（〔Q22〕参照）。

　もっとも、具体的なパワハラ行為による損害の発生と上記パワハラ
防止措置義務違反は直ちに結びつくものではなく、本件においてパワ
ハラが認定されたからといって、パワハラ防止措置義務違反が認めら

れるわけではないと考えられます。そこで、以下の説明では、フリーランス法を離れて、本件においてパワハラに基づく損害賠償請求が認められるかに限定して説明します。

3 パワーハラスメントを理由とする損害賠償請求

業務委託におけるパワハラとは、業務委託に関して行われる①取引上の優越的な関係を背景とした言動であって、②業務委託に係る業務を遂行する上で必要かつ相当な範囲を超えたものにより、③特定受託業務従事者の就業環境が害されるものであり、①から③までの要素を全て満たすものをいいます（法14①三、指針第4 4（1））。この点、フリーランス指針におけるパワハラの意義は、不法行為責任、債務不履行責任に直ちに結びつくとは言い切れませんが、一定の参考とすることができますので、この定義を基に解説をいたします。

本件は、店舗オーナーによる取引上の優越的な関係を背景とした行為であるといえます（上記①）。そして、店舗オーナーがネイリスト同士の練習行為を「窃盗・横領罪に当たる」と発言し、また、警察への通報にまで言及し、ネイリストの就業機会が失われる可能性を暗に示した上で、ネイリストの業務遂行を過度に制約する内容の誓約書にサインをさせており、これは精神的な攻撃（脅迫・ひどい暴言・執拗な嫌がらせ）（指針第4 4（5）ロ）といえ、必要かつ相当な範囲を超えた言動であると評価することができます（上記②）。そして、フリーランスは「このようなオーナーの下では働くことができない」と感じているため、②の行為によりフリーランスの就業環境が害されているといえます（上記③）。したがって、店舗オーナーの行為は、業務委託におけるパワーハラスメントに該当する可能性があります。

よって、店舗オーナーの言動は不法行為又は債務不履行に基づく損害賠償請求（民415・709）の対象となる可能性があります。

4　フリーランス側からの契約解除の可否

　フリーランス法では、フリーランス側からの契約解除については、解除予告に関する定めは置かれていません（法16①、解釈ガイドライン第3部4）。そこで、フリーランス側から契約の解除をすることができるか、解除予告期間が必要か、あるいは即時解除が可能なのかといった点について、まずは契約書上の任意解除条項の適用の可否を確認することになります。

　仮に、契約書上に任意解除条項の定めが置かれていない場合であっても、ネイリストと店舗オーナーとの間で成立した業務委託契約が準委任契約に該当する場合、受任者はいつでも契約を解除することができると考えられます（民656・651①）。そのため、本件でもフリーランス側からの任意の時期の解除が認められます。

　なお、準委任契約の解除については、「やむを得ない事由」がある場合を除き、相手方に不利な時期に解除をした場合は損害賠償義務を負う必要があります（民656・651②一）。

　本件において「やむを得ない事由」が存在するといえるかについて検討しますと、フリーランス側による契約解除の原因は店舗オーナーによるパワハラ行為であり、当該パワハラ行為はフリーランス法上も規制される行為です（上記2参照）。さらに、店舗オーナーがパワハラによってサインさせた誓約書は、合理的に必要な範囲を超えて競業避止義務を負わせる内容であり（上記1参照）、その点においても上記パワハラ行為の違法性は強いと考えられます。

　したがって、たとえ店舗オーナーにとって不利な時期にフリーランス側が契約解除をしたことで損害が発生したとしても、契約解除には「やむを得ない事由がある」と主張することで、損害賠償義務を免れることができる可能性があると考えられます。

286　　第2章　事例検討

第8　その他

〔Q78〕　競業避止義務

Q　契約書に競業避止義務が定められていますが、この規定は有効なのでしょうか。競業避止義務は「契約期間終了後6か月間」とされており、相手方（発注者）に確認したところ、義務の期間は短く、先行投資を回収するために必要なものであるとのことですが、有効性はどのように判断されるのでしょうか。

A　競業避止義務の有効性は、①競業避止義務の内容や期間が目的に照らして過大であるか、②与える不利益の内容、③補償金等の有無やその水準、④他の取引の相手方の取引条件と比べて差別的であるかどうか、⑤通常のこれらの義務の内容や期間との乖離の状況等を勘案して総合的に判断されます。先行投資の回収が既に終了しているなど、義務を課す目的が認められない場合には、合理性は否定され無効となる可能性があります。

解　説

1　競業避止義務の意義

　フリーランスが発注者と取引するに当たって、競業避止義務や専属義務が定められるケースがあります。競業避止義務とは、フリーランスが自ら発注者と競合する事業を行わない又は発注者と競合する者に対して一定期間役務等の提供を行わないことを内容とする義務をいい

ます。また、専属義務とは、他の発注者に対するフリーランスの役務等の提供を制限し、自己とのみ取引をする義務をいいます（ガイドライン第3　3(11)注19)。これらの義務は、秘密保持義務と併せて契約書で規定される例も多く、①発注者の営業秘密や営業上のノウハウの漏洩を防ぐこと、②発注者がフリーランスに一定のノウハウ、スキル等を身に着けるようにするための育成投資を行った上で、その育成に要する費用を回収すること、③発注者が商品・サービスを供給するのに必要な役務等を提供させるために自己への役務等の提供に専念させることを目的とするものです（ガイドライン第3　3(11))。

2　競業避止義務の有効性

　発注者がフリーランスに対して、合理的に必要な範囲で競業避止義務を設定することは、直ちに独占禁止法上問題となるものではありません。また、フリーランス法上も規定はなされていません。しかし、フリーランスが他の発注者に対して役務等を提供する機会を失わせ、不利益をもたらし得るものといえます。そして、取引上の地位がフリーランスに優越している発注者が、一方的に当該フリーランスに対して合理的に必要な範囲を超えて競業避止義務を課す場合であって、当該フリーランスが、今後の取引に与える影響等を懸念してそれを受け入れざるを得ない場合には、正常な商慣習に照らして不当に不利益を与えることとなり、優越的地位の濫用として独占禁止法上問題となります（独禁2⑨五ハ、ガイドライン第3　3(11))。

　合理的に必要な範囲を超えるか否かは、①競業避止義務の内容や期間が目的に照らして過大であるか、②与える不利益の内容、③補償金等の有無やその水準、④他の取引の相手方の取引条件と比べて差別的であるかどうか、⑤通常のこれらの義務の内容や期間との乖離の状況等を勘案して総合的に判断します（ガイドライン第3　3(11)注20)。

競業避止義務が課された期間が長くはなく、また、場所的な範囲も限定されたものであれば、合理性が認められる一要素となります。ケースバイケースの判断が必要となりますが、一般的には、契約期間終了後6か月から1年程度の義務を課すものであれば、それだけをもって期間が長く不合理である旨判断されることは少ないでしょう。また、義務を課すことによりフリーランスが失う利益に見合った補償金が与えられていることも、合理性が認められる一要素となります。

一方、義務の期間や場所的な範囲を限定し、補償金を与えていたとしても、発注者が義務を課す目的（上記1参照）を何ら有していない場合は、合理性が認められないと考えられます。この点について、フリーランスガイドラインでは、既にフリーランスの育成に要する費用を回収し終わったにもかかわらず、当該費用の回収を理由として、当該フリーランスに対して、一方的に競業避止義務を設定するケースは、優越的地位の濫用として問題となり得るとしています（ガイドライン第3　3(11)）。裁判例においても、契約期間終了後6か月間課せられる競業避止義務について、仮に先行投資回収の目的が認められたとしても、契約開始時から数年が経過しており、契約が数回にわたり更新されてきたことからすれば、先行投資の回収は終了しており、当該義務の合理性は認められない旨判示したものがあります（知財高判令4・12・26（令4（ネ）10059））。

競業避止義務の設定が優越的地位の濫用に当たる場合、公正取引委員会による排除措置命令（独禁20）、課徴金納付命令（独禁20の6）の対象となります。また、合理的に必要な範囲を超えた競業避止義務の私法上の効力については、労働者の競業避止義務の有効性の議論と同様、職業選択の自由ないし営業の自由を不合理に制約するものとして、公序良俗に反し無効となる（民90）と考えられます（前掲知財高判令4・12・26）。

索　引

290

事 項 索 引

【あ】

	ページ
安全配慮義務	226,246
	273

【い】

育児	94,99
育児介護等	94,99
嫌がらせ型	
状態への――	90
配慮申出等への――	91
違約金	61,62
	116,154
	155,157
	160,168
違約罰	157

【う】

請負	192
請負契約	233

【え】

役務	218
――利用の強制	72

金銭、――その他の経済上の利益	77,199
自己のために金銭、――その他の経済上の利益を提供させること	76,218
自己の指定する――	72

【か】

介護	94,99
解除	103,167
――等の予告義務	214
――の事前予告	268
契約の――	81
解除権	
発注者の――	233
解除予告	167
解除予告義務	100
解除理由の説明義務	235
買いたたきの禁止	68,260
過失相殺	160
環境型セクシュアルハラスメント	90
勧告	121

【き】

期間
  ——の始期・終期の判断基
  準　　　　　　　　　　52
  業務委託の——の判断基準　52
  業務委託の——　　　　　51
  返品することのできる——　66
基本契約　　　　　　　　　52
給付
  ——の受領　　　　　　　57
  ——の受領を拒むこと　　56
  ——を受領した日　　　　39
給付内容　　　　　　　　　219
  ——の変更　　　　207,208
  　　　　　　　　　　257
  ——のやり直し　　207,208
競業避止義務　　　　　282,286
協賛金　　　　　　　　　　76
強制　　　　　　　　　　　73
共通事項　　　　　　　　　32
業務委託
  ——における　　　　　91
  ——におけるセクシュアル
  ハラスメント　　　　89,90
  ——における妊娠、出産等
  に関するハラスメント　89,90
  ——におけるパワーハラス
  メント　　　　　　89,91
  ——の期間　　　　　　51
  ——の期間の判断基準　52
  ——の取消し　　　　　80

業務委託事業者　　　　　　20
業務提供誘引販売取引　　　238
協力金　　　　　　　　　　76
虚偽の表示　　　　　　26,29
禁止行為　　　　　　　50,144
金銭、役務その他の経済上の
  利益　　　　　　　77,199
  自己のために——を提供さ
  せること　　　　　76,218

【く】

クレーム　　　　　　　　265

【け】

経済上の利益　　　　　　199
  ——の提供要請　　　　76
  ——を提供　　　　　197
  自己のために金銭、役務そ
  の他の——を提供させる
  こと　　　　　　　76,218
  金銭、役務その他の——　77,199
継続的業務委託　　　　94,99
  　　　　　　　　102,211
  　　　　　　　　214,235
芸能活動者　　　　　　　240
契約
  ——の更新により継続して
  行うこととなる　　　53

事項索引　　293

契約解除　　81,278
　——の有効性　　257,268
　病気による——　　157
劇団員　　242
権利の濫用　　160

【こ】

広告等　　24
公序良俗　　169
公序良俗違反　　114,157
　　　　　　　160,251
　　　　　　　280
購入・利用強制の禁止　　238
公法上の義務　　211,215
誤解を生じさせる表示　　27
誤配　　160

【さ】

再委託　　34,39
　　　　　44
　——の特例　　44
　——の場合の支払遅延の禁
　　止　　151
　——の場合の直接支払義務　　153
裁判手続　　131
債務不履行　　208,284
３条通知　　79,191
　　　　　196,260
算定方法の明示　　149

【し】

自己
　——の指定する役務　　72
　——の指定する物　　72
　——のために金銭、役務そ
　の他の経済上の利益を提
　供させること　　76,218
事前予告
　解除の——　　268
事前予告義務　　102
下請法　　38
　フリーランス法と——との
　　異同　　6
支払期日　　47,264
支払遅延　　84
　再委託の場合の——の禁止　　151
支払督促　　133
私法上の効力　　211
私法的効力　　107
従業員の使用　　21
就業環境配慮義務　　273
修理代　　164
出産　　94,99
受領拒否　　56
準委任　　192
準委任契約　　233
少額訴訟手続　　131
使用者責任　　227,273
状態への嫌がらせ型　　90
消費税　　60
書面による明示　　35
申告　　119

【せ】

正確かつ最新の表示義務	27
正当な理由	74
──がある場合	72
セクシュアルハラスメント	88
環境型──	90
業務委託における──	89,90
対価型──	90
説明義務	
解除理由の──	235
責めに帰すべき事由	62,65

【そ】

総合労働相談コーナー	129
相殺	155,164
損害賠償	160
損害賠償額の予定	157
損害賠償義務	281
損害賠償請求	193,215
	258,265
	269,272
	284
損害賠償予定の禁止	248

【た】

対価型セクシュアルハラスメント	90
立入検査	121

【ち】

遅延利息	39
知的財産権	78
遅配	160
地方消費税	60
中途解除	232
──の予告	235
中途解約	113
直接支払義務	
再委託の場合の──	153
著作権	191

【つ】

追加作業	80

【て】

的確表示義務	23,29
	237
適切な配慮	47
電磁的方法による明示	36
天引き	144

【と】

独占禁止法	
フリーランス法と──との異同	6

督促異議	133	発注者の解除権	233
督促手続	131	ハラスメント対策義務	88,245
特定業務委託事業者	20,50 88	ハラスメント防止措置義務	283
特定受託事業者	94	パワーハラスメント	88,223 271,284
取引条件	197	——防止措置	271
——の明示の形式	35	業務委託における——	89,91
取引条件明示義務	31,148 260,263	判断基準	
		期間の始期・終期の——	52
取引条件明示義務違反	183	業務委託の期間の——	52
		判断要素	
		四つの——	185

【に】

日本標準産業分類の小分類 （3桁分類）	54		

【ひ】

任意解除	280		
妊娠、出産等に関するハラス メント		病気による契約解除	157
		表示義務	
業務委託における——	89,90	正確かつ最新の——	27
妊娠、出産若しくは育児又は 介護	94,99	費用等	61

【の】

【ふ】

望ましい措置	26	不更新	103
		不当な給付内容の変更	80,205

【は】

		不当な経済上の利益提供要請	76,198 201,218 253,277 280
配慮の申出	95	不当なやり直し	80,204
配慮申出等への嫌がらせ型	91	不当利得返還請求	278
罰金	62,160	不法行為	227,284
		不法行為責任	272

フリーランス・トラブル110		法令違反	9
番	135	保険料	61
フリーランス法		募集	24
——上の問題	210	募集情報	23
——と下請法や独占禁止		募集内容	29
法、労働関係法令との異			
同	6		
——の制定経緯	3		
——の全体像	9	**【ま】**	
不利益取扱い	97		
——の禁止	120	前払金	47
振込手数料	60	マタニティハラスメント	88
紛争解決手続	131		

【へ】

【み】

| 返品することのできる期間 | 66 | 未定事項 | 33 |
| 返品の禁止 | 64,234 | 民事調停 | 133 |

【ほ】

【む】

報告要請	121	無償での業務	252
報酬	59		
——減額	59,191		
	201,207		
	208,253	**【め】**	
	267,275		
	280		
——支払期日	39,196	明示すべき事項	32
——の額を減ずること	145	命令	121
——の減額の禁止	150,154		
	156,160		
	167,169		

【も】

申出の阻害	97
黙示の合意	149
物の購入の強制	72

【ゆ】

優越的地位の濫用	162

【よ】

予告義務	
解除等の——	214
四つの判断要素	185

【り】

利益を不当に害する	76,77
理由開示義務	110
両罰規定	122

【ろ】

労働関係法令	
フリーランス法と——との異同	6

労働基準監督署	129
労働者	129
労働者性	16,141 180,240 248,259 270
労働基準法上の——	16
労働組合法上の——	18
60日ルール	39,44

【わ】

和解あっせん手続	135

Q & A
実務家のためのフリーランス法の
ポイントと実務対応

令和6年10月22日　初版発行

編　集　第二東京弁護士会
　　　　労働問題検討委員会

発行者　河 合 誠 一 郎

発 行 所　新 日 本 法 規 出 版 株 式 会 社

本　　　社
総 轄 本 部　（460-8455）　名古屋市中区栄1－23－20

東 京 本 社　（162-8407）　東京都新宿区市谷砂土原町2－6

支社・営業所　札幌・仙台・関東・東京・名古屋・大阪・高松
　　　　　　　広島・福岡

ホームページ　https://www.sn-hoki.co.jp/

【お問い合わせ窓口】
新日本法規出版コンタクトセンター
☎ 0120-089-339（通話料無料）
●受付時間／9：00～16：30（土日・祝日を除く）

※本書の無断転載・複製は、著作権法上の例外を除き禁じられています。
※落丁・乱丁本はお取替えします。　　　　　ISBN978-4-7882-9384-7
5100341　フリーランス実務 ⓒ第二東京弁護士会 2024 Printed in Japan